O VELHO
MARX

MARCELLO MUSTO

O VELHO MARX

**UMA BIOGRAFIA DE SEUS ÚLTIMOS ANOS
(1881-1883)**

TRADUÇÃO
RUBENS ENDERLE

© desta edição, Boitempo, 2018
© Marcello Musto, 2016

Todos os direitos reservados

Título original: *L'ultimo Marx (1881-1883). Saggio di biografia intellettuale*

Direção geral Ivana Jinkings
Edição Isabella Marcatti
Assistência editorial Thaisa Burani
Tradução Rubens Enderle
Preparação Ivone Benedetti
Revisão Thais Rimkus
Coordenação de produção Livia Campos
Capa Ronaldo Alves
Diagramação Antonio Kehl

Equipe de apoio: Allan Jones, Ana Carolina Meira, Ana Yumi Kajiki, André Albert, Artur Renzo, Bibiana Leme, Carolina Yassui, Eduardo Marques, Elaine Ramos, Frederico Indiani, Heleni Andrade, Isabella Barboza, Ivam Oliveira, Kim Doria, Marlene Baptista, Maurício Barbosa, Renato Soares, Thaís Barros, Tulio Candiotto

---

CIP-BRASIL. CATALOGAÇÃO NA PUBLICAÇÃO
SINDICATO NACIONAL DOS EDITORES DE LIVROS, RJ

M982v

    Musto, Marcello, 1976-
        O velho Marx : uma biografia de seus últimos anos / Marcello Musto ; tradução Rubens Enderle. - 1. ed. - São Paulo : Boitempo, 2018.

        Tradução de: L'ultimo Marx (1881-1883). saggio di biografia intellettuale
    Apêndice
    Inclui bibliografia e índice
    ISBN 978-85-7559-625-8

    1. Marx, Karl, 1818-1883. O capital. 2. Comunismo. 3. Comunistas - Alemanha - Biografia. I. Enderle, Rubens. II. Título.

18-49094   CDD: 920.933543
                                                                       CDU: 929:330.85

É vedada a reprodução de qualquer parte deste livro sem a expressa autorização da editora.

1ª edição: maio de 2018

BOITEMPO EDITORIAL
Jinkings Editores Associados Ltda.
Rua Pereira Leite, 373
05442-000 São Paulo SP
Tel.: (11) 3875-7250 / 3875-7285
editor@boitempoeditorial.com.br | www.boitempoeditorial.com.br
www.blogdaboitempo.com.br | www.facebook.com/boitempo
www.twitter.com/editoraboitempo | www.youtube.com/tvboitempo

Sumário

Prefácio 9

Nota do autor 13

Prelúdio – "A luta!" 15

I. O fardo da existência e os novos horizontes de pesquisa 19
   1. O gabinete da Maitland Park Road 19
   2. Entre a antropologia e a matemática 30
   3. Cidadão do mundo 44

II. A controvérsia sobre o desenvolvimento do capitalismo
na Rússia 59
   1. A questão do futuro da comuna agrícola 59
   2. Capitalismo: pressuposto necessário da sociedade comunista? 62
   3. O outro caminho possível 71

III. Os tormentos do "velho Nick" 85
   1. A primeira difusão de *O capital* na Europa 85
   2. O carrossel da vida 96
   3. A morte de Jenny von Westphalen e o retorno ao estudo da história ... 101

IV. A última viagem do Mouro 111
   1. Argel e as reflexões sobre o mundo árabe 111
   2. Um republicano no principado 119
   3. "Tudo o que sei é que não sou marxista" 126

Epílogo – Saída de cena 133

Apêndice – Pelo pão e pelas rosas 137

Breve cronologia (1881-1883) 143

Bibliografia 147

Índice onomástico 155

À Secretária e a Brunetto,
com incomensurável gratidão,
e porque comigo jamais se cansam de
"fazer boa cara a mau tempo",
como também escreveu o Mouro em Argel.

Prefácio

Após a última crise do capitalismo, deflagrada em 2008, Karl Marx voltou à moda. Contrariando as previsões, que depois da queda do Muro de Berlim haviam decretado seu esquecimento definitivo, nos últimos anos suas ideias tornaram-se novamente objeto de análises, aprofundamentos e debates. Muitos, de fato, voltaram a interrogar esse autor que, com tanta frequência, fora erroneamente identificado ao "socialismo real" e descartado com tanta pressa depois de 1989.

Artigos em jornais e revistas importantes, com vasto público leitor, descreveram Marx como um pensador muito atual e clarividente. Diversos autores progressistas declararam que as ideias dele continuarão a ser indispensáveis, à medida que é necessário repensar uma alternativa ao capitalismo. Quase por toda parte surgiram cursos universitários e conferências internacionais dedicados a seu pensamento. Seus textos, em reimpressões ou novas edições, ressurgiram nas estantes das livrarias, e também a pesquisa sobre sua obra, abandonada por duas longas décadas, foi retomada de maneira significativa.

Para uma reinterpretação abrangente da obra de Marx, é notável a publicação, reiniciada em 1998, da *Marx-Engels-Gesamtausgabe* (MEGA^2), edição histórico-crítica das obras completas de Marx e Engels. Até o momento, foram impressos 26 novos volumes (40 já tinham sido publicados entre 1975 e 1989) – e outros se encontram em elaboração. Entre estes, constam: 1) novas versões de algumas obras de Marx (como *A ideologia alemã*); 2) todos os manuscritos preparatórios de *O capital*; 3) o conjunto completo das cartas recebidas por Marx e Engels – e não somente daquelas escritas por eles (como ocorria nas edições anteriores); e 4) cerca de duzentos cadernos de notas. Estes últimos contêm os compêndios dos livros lidos por Marx e as reflexões por eles suscitadas. Todo esse material constitui o nascedouro de sua teoria crítica, mostra o complexo itinerário percorrido durante o desenvolvimento de seu pensamento e revela as fontes das quais ele partiu na elaboração de suas concepções.

Do estudo desses preciosos documentos – muitos dos quais disponíveis apenas em alemão e, por isso, destinados, até o momento, a um círculo restrito de acadêmicos –, emerge um autor bastante distinto daquele retratado durante muito tempo por tantos de seus críticos ou pretensos seguidores. Com base nas novas aquisições textuais da MEGA², pode-se afirmar que, entre os clássicos do pensamento político e filosófico, Marx é o autor cujo perfil sofreu mais modificações no decorrer dos últimos anos. E, após a implosão da União Soviética, o cenário político também contribuiu para renovar a percepção a respeito dele. Com o fim do marxismo-leninismo, ele foi libertado, de fato, das correntes de uma ideologia infinitamente distante de sua concepção de sociedade.

Na construção de interpretações relevantes e inovadoras, é preciso considerar também livros publicados recentemente. Eles revelam um autor que foi capaz de examinar as contradições da sociedade capitalista bem além do conflito entre capital e trabalho. De fato, Marx dedicou muita energia ao estudo das sociedades não europeias e ao papel destrutivo do colonialismo nas periferias do sistema. Do mesmo modo, desmentindo as interpretações que assimilaram a concepção marxiana da sociedade comunista ao mero desenvolvimento das forças produtivas, esses livros mostraram a relevância que Marx atribuiu, em sua obra, à questão ecológica. Por fim, outros textos deixaram evidente que o autor se ocupou profundamente de inúmeras temáticas que foram subdimensionadas ou mesmo ignoradas por muitos de seus estudiosos. Entre elas estão o potencial emancipador da tecnologia, a crítica aos nacionalismos, a busca de formas de propriedade coletiva não controladas pelo Estado e a centralidade da liberdade individual nas esferas econômica e política – todas questões fundamentais nos dias de hoje.

As crises econômicas e políticas de nossa sociedade e os progressos da pesquisa no âmbito dos estudos marxianos permitem prever, portanto, que a renovação da exegese da obra de Marx é um fenômeno destinado a continuar. Uma parte significativa desse interesse se concentrará, muito provavelmente, no derradeiro período de sua elaboração teórica, o assim chamado "último Marx". Do mesmo modo, o presente estudo, que tem o caráter de uma biografia intelectual, será continuado e completado por outro, exclusivamente teórico.

A análise dos manuscritos dos últimos anos da vida de Marx permite derrubar o mito de que sua curiosidade intelectual estaria saciada e de que ele teria parado de trabalhar. Ao contrário, essa análise demonstra que ele não só deu continuidade a suas pesquisas, como também as estendeu a novas disciplinas.

No biênio 1881-1882, Marx realizou um estudo aprofundado das descobertas mais recentes no campo da antropologia, da propriedade comunal nas sociedades pré-capitalistas e das transformações ocorridas na Rússia após a abolição da servidão e o nascimento do Estado moderno. Além disso, foi atento observador dos principais acontecimentos da política internacional, e suas cartas da época testemunham seu apoio convicto à luta pela libertação da Irlanda e a firme oposição à opressão colonial na Índia, no Egito e na Argélia. O oposto de um autor eurocêntrico, economicista e absorvido exclusivamente pela luta de classes.

As pesquisas dedicadas a novos conflitos políticos, assim como a novos temas e áreas geográficas, consideradas fundamentais para dar continuidade a sua crítica do sistema capitalista, permitiram a Marx amadurecer uma concepção mais aberta às especificidades dos diversos países e considerar possível uma transição para o socialismo diferente da anteriormente prefigurada.

O "último Marx", enfim, é também o Marx mais íntimo: aquele que não esconde sua fragilidade diante da vida, mas, de qualquer modo, continua a lutar; que não se esquiva da dúvida, mas, ao contrário, a desafia, escolhendo prosseguir na investigação, ainda que sob o risco da incompletude, em vez de se acomodar nas certezas confortáveis do conhecimento adquirido ou de se sentir realizado com os juramentos fideístas dos primeiros "marxistas".

Trata-se de uma figura completamente diferente da esfinge granítica de Marx colocada no centro das praças pelos regimes do Leste europeu, que indicava o futuro com certeza dogmática. Hoje, ao contrário, vem à tona o Marx de que mais necessitamos: aquele que foi constantemente guiado pelo espírito crítico. Ele representa um raro exemplo de intelectual militante para uma nova geração de pesquisadores e militantes políticos que prosseguem na luta à qual o pensador alemão, como tantos outros antes e depois dele, dedicou toda a sua existência.

Nota do autor

As referências bibliográficas das citações das obras de Marx remetem, sempre que possível, às edições publicadas pela Boitempo. Para os textos de Marx ainda não traduzidos para o português, foram indicados os volumes da edição, em língua inglesa, *Marx Engels Collected Works* (Moscou/Londres/Nova York, Progress Publishers/Lawrence and Wishart/International Publishers, 1975-2005, 50 v.), conhecida pela sigla MECW, que adotamos nas notas de rodapé deste livro.

Para os textos que ainda não têm tradução para o inglês, remetemos a *Marx-Engels-Gesamtausgabe* (MEGA²) (Berlim, Dietz/Akademie/De Gruyter, 1975-...).

No que diz respeito à literatura secundária, títulos de livros e artigos não publicados no Brasil, assim como as citações que deles se extraem, foram traduzidos para o português. Por fim, nomes de revistas e jornais mencionados foram primeiro indicados na língua original e depois, quando julgamos necessário, foi acrescentada, entre colchetes, a tradução para o português.

•••

O quarto capítulo ("A última viagem do Mouro") foi inicialmente traduzido por Renake B. D. das Neves e publicado na revista *Marx e o Marxismo* (v. 5, n. 8, jul. 2017, p. 14-44). O texto que consta desta edição é uma versão revisada por Rubens Enderle. Ressalta-se também que o volume todo foi beneficiado pela preparação atenta de Ivone Benedetti e a revisão de Thais Rimkus.

O autor expressa sua gratidão a Enrico Campo, Ricardo Antunes e a Michael Löwy. Por fim, um agradecimento especial a Isabella Marcatti, que cuidou da edição deste livro com rigor, competência e gentileza. Ter a sorte de poder desfrutar de seu profissionalismo aumenta o prazer de publicar um livro pela Boitempo.

O último retrato de Karl Marx. Argel, maio de 1882.

Prelúdio
"A luta!"

Em agosto de 1880, John Swinton (1829-1901), influente jornalista estadunidense de ideias progressistas[1], em visita à Europa, foi a Ramsgate, pequeno balneário de Kent, situado a poucos quilômetros da extremidade sudeste da Inglaterra. A finalidade de sua viagem era uma entrevista, que seria publicada no jornal *The Sun* – por ele dirigido e que, na época, estava entre os mais vendidos na América do Norte –, com um dos principais expoentes do movimento operário internacional: Karl Marx.

Alemão de nascimento, Marx se tornara apátrida após ter sido expulso pelos governos francês, belga e prussiano, que haviam conseguido derrotar os movimentos revolucionários nascidos nesses países entre 1848 e 1849. Em 1874, sua solicitação de naturalização inglesa foi negada, com base num relatório especial do departamento de investigação da Scotland Yard, em que ele era rotulado de "famigerado agitador alemão [...], propugnador de princípios comunistas, [que] não [havia] sido leal nem a seu rei nem a seu país"[2].

Correspondente do *New-York Tribune* por mais de uma década, em 1867 Marx já publicara uma extensa crítica ao modo de produção capitalista, intitulada *O capital*, e durante oito anos, a partir de 1864, exercera a liderança da Associação Internacional dos Trabalhadores. Seu nome já havia aparecido nas páginas dos maiores jornais europeus, quando, em 1871, depois de defender a Comuna de Paris em seu escrito *A guerra civil na França* (1871), a imprensa mais reacionária conferiu-lhe a alcunha de "doutor do terror vermelho"[3].

---

[1] Ver o capítulo "John Swinton, Crusading Editor", em Sender Garlin, *Three American Radicals: John Swinton, Charles P. Steinmetz, and William Dean Howells* (Boulder, Westwiew Press, 1991), p. 1-41.
[2] ["Declaration by Karl Marx on His Naturalisation in England", em] MECW, v. 24, p. 564.
[3] "Karl Marx to Friedrich Sorge", 27 de setembro de 1877, em MECW, v. 45, p. 278.

No verão de 1880, Marx encontrava-se em Ramsgate com a família, obrigado pelos médicos "a abster-se de qualquer trabalho"[4] e a "curar os nervos com o 'ócio'"[5]. As condições de saúde de sua mulher eram ainda piores que as dele. Jenny von Westphalen (1814-1881) sofria de câncer, e seu quadro havia se "agravado subitamente, a ponto de ameaçar um desfecho fatal"[6]. Foi nesse contexto que Swinton, redator-chefe do jornal *The New York Times* por toda a década de 1860, conheceu Marx pessoalmente e dele compôs um perfil solidário, intenso e acurado.

No plano privado, ele o descreve como um "cavalheiro de cerca de sessenta anos, cabeça maciça, modos magnânimos, cortês, com uma massa hirsuta de cabelos grisalhos, longos e rebeldes"[7], que conhecia "a arte de ser avô não menos que Victor Hugo"[8]. Acrescenta que o modo de conversar de Marx, "tão livre, cativante, criativo, incisivo, autêntico", lembrava-lhe "Sócrates [...], pelo tom irônico, pelos lampejo humorísticos e por sua jocosa alegria"[9]. Percebeu também uma pessoa "desprovida do anseio de exibição e sucesso, que não dava importância alguma às fanfarronices da vida ou à farsa do poder".

No entanto, na entrevista impressa na primeira página do jornal *The Sun*, em 6 de setembro de 1880, o que se apresentou aos leitores norte-americanos foi, sobretudo, o Marx público. Na opinião de Swinton, ele era "um dos homens mais extraordinários de nossa época, que desempenhou um papel inescrutável, porém poderoso, na política revolucionária dos últimos quarenta anos". Escreveu ainda:

> Não tem pressa e não conhece repouso; homem de mente poderosa, larga e elevada, sempre às voltas com projetos ambiciosos, métodos lógicos e objetivos práticos. Foi e ainda é inspirador de muitos dos terremotos que convulsionaram nações e destruíram tronos. Mais do que qualquer outro na Europa, ele hoje ameaça e apavora cabeças coroadas e charlatães oficiais.[10]

A conversa com Marx gerou no jornalista de Nova York a convicção de encontrar-se na presença de um homem "profundamente imerso em sua época, e, do Neva ao Sena, dos Urais aos Pireneus, sua mão [estava] empenhada em preparar o advento de uma nova era". Marx o impressionou por sua capacidade de passar

---

[4] "Karl Marx to Ferdinand Nieuwenhuis", 27 de junho de 1880, em MECW, v. 46, p. 16.
[5] Idem.
[6] "Karl Marx to Nikolai Danielson", 12 de setembro de 1880, em MECW, v. 46, p. 30.
[7] Karl Marx, ["Account of an Interview with John Swinton, Correspondent of *The Sun*",] 6 de setembro de 1880, em MECW, v. 24, p. 583-4.
[8] Idem.
[9] Idem.
[10] Ibidem, p. 583.

em revista "o mundo europeu, país por país, evidenciando as peculiaridades, os desenvolvimentos e as personalidades, tanto as que agem na superfície quanto as que operam abaixo dela"[11]. Entreteve-o falando

> das forças políticas e dos movimentos populares das diversas nações da Europa: da ampla corrente do espírito russo, dos movimentos intelectuais alemães, do ativismo da França, do imobilismo inglês. Mostrava-se cheio de esperanças quanto à Rússia, filosófico ao falar da Alemanha, alegre em relação à França e sombrio ao tratar da Inglaterra, referindo-se expressamente às "reformas atomísticas" com as quais os liberais do parlamento britânico passam o tempo.[12]

Swinton também ficou surpreso com os conhecimentos de Marx acerca dos Estados Unidos. Julgou-o "um observador atento da atividade americana" e definiu "como altamente sugestivas [...] suas afirmações sobre algumas forças constitutivas e substanciais da vida americana".

O dia transcorreu numa sucessão de discussões apaixonadas. À tarde, Marx "propôs dar um passeio [...] ao longo do litoral" para se reunirem com sua família, descrita por Swinton como uma "adorável comitiva de aproximadamente uma dezena de pessoas".

À noite, na companhia de Charles Longuet (1839-1903) e Paul Lafargue (1842-1911), genros de Marx, "falou-se do mundo, do homem, da época e das ideias, enquanto as [...] taças tilintavam num cenário que tinha o mar como fundo". Foi num desses momentos que o jornalista norte-americano, pensando "nas incertezas e nos tormentos do presente e das épocas passadas", impressionado pelas palavras que ouvira e "mergulhando na profundidade da linguagem escutada", decidiu interrogar o grande homem que tinha diante de si sobre "a lei última do ser". Foi assim que, durante um momento de silêncio, "interromp[eu] o revolucionário e filósofo com esta fatídica pergunta: 'Qual é [a lei do ser?]'". Por um instante, teve a sensação de que a mente de Marx "se revolvia [...], enquanto escutava o bramido do mar e observava a irrequieta multidão na praia. "Qual é [a lei]?", perguntara. Com um tom profundo e solene, [Marx] respondeu: 'A luta!'"[13].

Num primeiro momento, Swinton acreditou ter escutado, naquela resposta, "o eco do desespero". Depois, no entanto, concordou que aquela era, de fato, a finalidade da vida, sobre a qual a humanidade, assim como ele mesmo, jamais cessa de se interrogar[14].

---

[11] Idem.
[12] Idem.
[13] Ibidem, p. 585.
[14] Idem.

I
O FARDO DA EXISTÊNCIA E OS NOVOS HORIZONTES DE PESQUISA

1. O gabinete da Maitland Park Road

Numa noite de janeiro de 1881, no cômodo de uma casa da periferia de Londres, um homem de barba já quase inteiramente branca estava imerso no estudo de uma montanha de livros empilhados sobre uma mesa. Com intensa concentração, folheava as páginas, anotando cuidadosamente as passagens mais significativas. Com uma perseverança comparável à de Jó, levava adiante a tarefa que conferira à sua existência: fornecer ao movimento operário as bases teóricas para destruir o modo de produção capitalista.

Seu físico mostrava os sinais de décadas de duro trabalho diário, transcorridas sempre a ler e a escrever. Nas costas, e em várias outras partes do corpo, haviam ficado as cicatrizes dos terríveis furúnculos surgidos ao longo dos anos, enquanto ele trabalhava na elaboração de *O capital*. Após uma de suas crises mais agudas, que precedera a finalização de sua obra mais importante, Marx escreveu, com cáustica ironia: "Espero que a burguesia se lembre do meu carbúnculo até o dia de sua morte"[1].

Na alma, carregava o fardo de outras feridas, causadas por uma vida transcorrida entre sofrimentos e dificuldades econômicas, ocasionalmente mitigadas pela satisfação gerada por algum bom petardo desferido contra os reacionários das classes dominantes ou contra rivais em seu próprio campo político.

No inverno, adoecia com frequência, sentia-se exausto e debilitado. A velhice começava a limitar seu vigor habitual, e a preocupação com o estado de saúde da mulher o afligia cada vez mais. E, no entanto, continuava a ser quem era: Karl Marx.

---

[1] "Karl Marx to Friedrich Engels", 22 de junho de 1867, em Karl Marx e Friedrich Engels, MECW, v. 42, p. 383.

Com inalterado entusiasmo, continuava empenhado na causa da emancipação das classes trabalhadoras. Seu método era o mesmo de sempre, adotado desde o tempo de seus primeiros estudos universitários: incrivelmente rigoroso e inflexivelmente crítico.

A escrivaninha em que costumava trabalhar, sentado numa cadeira de madeira com braços, e sobre a qual se esfalfara anos a fio, durante todo o dia e grande parte da noite, era pequena e modesta, medindo cerca de um metro de comprimento por setenta centímetros de largura[2]. Mal tinha espaço para o abajur verde, as folhas nas quais costumava escrever e alguns livros, dos quais transcrevia as citações que mais lhe interessavam. Não precisava de mais que isso.

Seu escritório situava-se no primeiro andar da casa, com uma janela que dava para o jardim. Desde que os médicos o haviam proibido de fumar, esvaíra-se do cômodo o cheiro de tabaco, mas os cachimbos de terracota, que ele pitara por tantos anos imerso em leituras, continuavam ali, recordando-lhe as noites passadas em claro, a demolir os clássicos da economia política.

Uma muralha impenetrável de estantes cobria as paredes. Estavam incrivelmente abarrotadas de livros, embrulhos e jornais. Sua biblioteca não era imponente como a dos intelectuais burgueses de seu calibre, certamente bem mais abastados que ele. Nos anos de pobreza, Marx utilizara principalmente os volumes do salão de leitura do Museu Britânico, mas depois chegou a colecionar cerca de 2 mil volumes[3]. A seção mais completa era a de economia; numerosos, porém, eram os clássicos da teoria política. Tantos eram também os estudos de história, particularmente franceses, e as obras de filosofia, sobretudo da tradição alemã. Havia, por fim, alentada seção de textos de ciência.

À variedade das disciplinas correspondia a diversidade das línguas em que os livros estavam escritos. Os volumes em alemão constituíam cerca de um terço do total; os escritos em língua inglesa, cerca de um quarto; e os em língua francesa, um pouco inferiores a estes últimos. Não faltavam tomos em outras línguas latinas, como o italiano. A partir de 1869, porém, quando Marx começou

---

[2] Para uma descrição do gabinete anterior de Marx, na casa da Maitland Park Road, número 1, ver Paul Lafargue, em Instituto do Marxismo-Leninismo (org.), *Reminiscences of Marx and Engels* (Moscou, Foreign Languages Publishing House, 1957), p. 73-4.

[3] Ver Hans-Peter Harstick, Richard Sperl e Hanno Strauß, "Einführung", em Karl Marx e Friedrich Engels, *Die Bibliotheken von Karl Marx und Friedrich Engels*, MEGA², v. IV/32, p. 73. Esse volume, que compreende mais de 730 páginas e é fruto de 75 anos de pesquisa, inclui o índice de 1.450 livros (2.100 volumes) – dois terços do total pertencente a Marx e Engels (2.100 livros em 3.200 volumes) – e apresenta uma lista, volume por volume, de todas as páginas em que foram inseridas anotações. Contém também as indicações das marginálias, que em 40 mil páginas se compunham de 830 textos de comentários feitos por Marx nas margens dos volumes.

a aprender russo para poder estudar diretamente os livros que descreviam as transformações em curso naquele país, os livros em cirílico atingiram em poucos anos um número notável.

Nas estantes de Marx, no entanto, não se encontravam somente textos acadêmicos. Um correspondente anônimo do *Chicago Tribune*, que em dezembro de 1878 visitara seu escritório, descreveu seu conteúdo com as seguintes palavras:

> É geralmente possível julgar um homem pelos livros que ele lê. O leitor poderá chegar às próprias conclusões, se eu lhe disser o que vi numa rápida olhadela: Shakespeare, Dickens, Thackeray, Molière, Racine, Montaigne, Bacon, Goethe, Voltaire, Paine; *livros azuis*[4] ingleses, americanos e franceses, obras políticas e filosóficas em língua russa, alemã, espanhola, italiana, entre outras.[5]

Seus interesses literários e a vastidão de seus conhecimentos foram descritos de modo semelhante por Paul Lafargue, socialista francês e genro de Marx. Ao recordar seu gabinete de trabalho – sobre o qual afirmou: "Esse cômodo é histórico e precisa conhecê-lo quem quiser penetrar na intimidade intelectual de Marx" –, ressalta que

> Marx conhecia Heine e Goethe de cor e costumava citá-los nas conversas. Lia sempre obras de poetas por ele escolhidos em toda a literatura europeia. Relia Ésquilo todos os anos no texto original grego; venerava esse autor e Shakespeare como os dois maiores gênios dramáticos que a humanidade já produzira. [...] Dante e Burns estavam entre seus poetas prediletos. [...] Era um grande leitor de romances. Tinha preferência pelos do século XVIII, particularmente por *Tom Jones*, de Fielding. Os romancistas modernos que mais o divertiam eram Paul de Kock, Charles Lever, Alexandre Dumas pai e Walter Scott. Deste último, considerava *Old Mortality* uma obra-prima. Demonstrava forte predileção pelas narrativas humorísticas e de aventura. Para ele, em primeiríssimo lugar, acima de todos os outros, estavam Cervantes e Balzac. Dizia que *Dom Quixote* era a epopeia da cavalaria moribunda, cujas virtudes tornavam-se cada vez mais ridículas e malucas no mundo burguês nascente. Sua admiração por Balzac era tão profunda que planejava escrever uma crítica de sua grande obra, *A comédia humana*. [...] Marx sabia ler em todas as línguas europeias. [...] Gostava de repetir a máxima "uma língua estrangeira é uma

---

[4] Os *Blue Books*, assim denominados devido à encadernação azul, eram relatórios publicados em vários países pelas comissões parlamentares que investigavam problemas sociais e aspectos da vida industrial. Marx fez grande uso desses textos para a elaboração de *O capital*.

[5] ["Account of Karl Marx's Interview with the *Chicago Tribune* Correspondent",] *Chicago Tribune*, 5 de janeiro de 1879, em MECW, v. 24, p. 569.

arma na luta da vida". [...] Quando se dedicou ao estudo da língua russa [...], em seis meses já dominava o idioma, a ponto de usufruir da leitura dos poetas e dos autores russos que mais estimava: Púchkin, Gógol e Shchedrin.[6]

Lafargue descreve, além disso, a relação que Marx tinha com seus livros. Estes eram, para ele,

> instrumentos de trabalho, não objetos de luxo. "São meus escravos e devem obedecer à minha vontade", dizia. Maltratava-os sem receio [...], dobrava as pontas das páginas, cobria as margens com sinais a lápis, sublinhava-os. Não fazia anotações, mas, quando o autor divagava, não se furtava a pôr um ponto de exclamação ou de interrogação. Graças ao método que empregava para sublinhar, conseguia reencontrar com a maior facilidade a passagem procurada num livro.[7]

Por outro lado, entregava-se a eles com tanta dedicação que se definia como "uma máquina condenada a devorar livros para, então, lançá-los fora, de forma modificada, na estrumeira da história"[8].

A biblioteca de Marx continha também as obras por ele escritas; na verdade, não tão numerosas se comparadas com o número daquelas que ele havia projetado e deixado inacabadas no decorrer de sua intensa atividade intelectual.

Ali se encontravam uma cópia de *A sagrada família*, a crítica da esquerda hegeliana publicada em coautoria com Friedrich Engels (1820-1895) em 1845, aos 27 anos de idade; *Miséria da filosofia*, escrita dois anos depois, em francês, para que o destinatário de sua polêmica, Pierre-Joseph Proudhon (1809-1865), pudesse entendê-la. Não faltavam, obviamente, algumas edições do *Manifesto do Partido Comunista*, texto redigido com Engels e publicado oportunamente poucas semanas antes da deflagração das revoluções de 1848, ainda que sua difusão mais significativa só tenha ocorrido a partir dos anos 1870. A recordar seus estudos sobre a história da França, lá estava *O 18 de brumário de Luís Bonaparte* (1852), enquanto, ao lado de alguns opúsculos de política, como aquele contra o primeiro-ministro britânico lorde Palmerston (1784-1865), havia escritos de um tempo distante, como *Revelações sobre o processo contra os comunistas em Colônia*, de 1853, e *Revelações sobre a história diplomática do século XVIII*, de 1856-1857, além de

---

[6] Paul Lafargue, em Instituto do Marxismo-Leninismo (org.), *Reminiscences of Marx and Engels*, cit., p. 73-4. Sobre o vasto interesse e o conhecimento literário de Marx, ver Siebert S. Prawer, *Karl Marx and World Literature* (Londres, Verso, 2011), em especial p. 384-5.

[7] Paul Lafargue, Instituto do Marxismo-Leninismo (org.), *Reminiscences of Marx and Engels*, cit., p. 73-4.

[8] "Karl Marx to Paul Lafargue", 11 de abril de 1868, em MECW, v. 43, p. 10.

outras obras, que não haviam obtido sucesso, como *Contribuição à crítica da economia política*, de 1859, e *Herr Vogt*, de 1860. Entre as publicações das quais ele mais se orgulhava estavam, enfim, sua obra-prima, *O capital* (1867), que à época já havia sido traduzida em russo e em francês, e os comunicados e as resoluções mais importantes da Associação Internacional dos Trabalhadores, da qual Marx fora o principal organizador, entre 1864 e 1872.

Apinhados em algum canto, havia também exemplares de revistas e jornais que ele dirigira quando jovem; entre eles, o volume dos *Deutsch-Französischen Jahrbücher* [Anais Franco-Alemães], de 1844, o último número da *Neue Rheinische Zeitung* [Nova Gazeta Renana], publicada com tinta vermelha antes da vitória da frente contrarrevolucionária, em 1849, e os fascículos da *Neue Rheinische Zeitung: Politsch-ökonomische Revue* [Nova Gazeta Renana: Revista de Economia Política], do ano seguinte.

Em outras seções da biblioteca, encontravam-se dezenas de cadernos de sinopses e alguns manuscritos inacabados. A maior parte desse material se acumulava, porém, no sótão. Ali ficavam todos os projetos em que ele trabalhara em diversas fases da vida e não conseguira completar. O conjunto desse acúmulo volumoso de documentos – parte dos quais, como Marx escreveu em 1859, fora abandonada à "crítica roedora dos ratos"[9] – correspondia a grande número de cadernos e folhas esparsas[10].

Entre esses escritos, encontravam-se os papéis dos quais seriam extraídos dois dos textos teóricos mais lidos e debatidos ao longo do século XX: *Manuscritos econômico-filosóficos de 1844* (1844) e *A ideologia alemã* (1845-1846), que foi esboçada no biênio seguinte à elaboração do texto precedente. Marx, que jamais publicou "nada que não tivesse reelaborado várias vezes, até encontrar a forma adequada", e que afirmou que "preferiria queimar seus manuscritos a publicá-los incompletos"[11], decerto teria ficado muito surpreso e abalado com a divulgação deles.

A parte mais volumosa e relevante de seus manuscritos, porém, era a relativa a todas as redações preliminares de *O capital*, desde os *Esboços da crítica da economia política* (os chamados *Grundrisse*), de 1857-1858, até os últimos apontamentos, redigidos em 1881.

---

[9] Karl Marx, *Contribuição à crítica da economia política* (2. ed., São Paulo, Expressão Popular, 2008), p. 49.
[10] Um ano após a morte de Marx, Engels escreveu a Laura Lafargue (1845-1911), em 16 de fevereiro de 1884: "Finalmente esvaziamos o velho sótão, onde encontramos diversas coisas que precisam ser conservadas, mas também cerca de meia tonelada de jornais velhos, impossíveis de catalogar. [...] Entre os manuscritos, há a primeira versão de *O capital* (1861-1863), e lá encontrei várias centenas de páginas intituladas *Teorias do mais-valor*" (MECW, v. 46, p. 104).
[11] Paul Lafargue, em Hans Magnus Enzensberger (org.), *Gespräche mit Marx und Engels* (Frankfurt, Insel, 1973), p. 556.

Já a maior parte da correspondência que Marx e Engels costumavam chamar de "arquivo do partido" ficava armazenada na casa deste último.

Em meio a todos esses livros, encontrava-se, no centro do cômodo, um divã de couro, sobre o qual, de tempos em tempos, Marx se recostava para repousar. Entre seus rituais para aliviar-se depois de longas horas sentado à escrivaninha, estava o de caminhar pelo escritório, exercício que ele repetia a curtos intervalos. Lafargue declarou que se podia até mesmo "afirmar que [Marx], em seu escritório, trabalhava caminhando. Sentava-se apenas por breves instantes, para pôr no papel aquilo em que havia pensado enquanto perambulava". Recordou que Marx "gostava muito de conversar caminhando, detendo-se de vez em quando, nos momentos em que a discussão se inflamava ou que a conversação ganhava importância"[12]. Outro visitante habitual daquela época relatou que "Marx, quando estava vivamente interessado na discussão, costumava andar rapidamente de um lado a outro do escritório, como se caminhasse sobre o convés de um navio, para movimentar-se um pouco"[13].

Diante da escrivaninha, havia outra mesa. Na desordem das folhas que a recobria, o visitante ocasional teria se sentido perdido, mas quem conhecesse bem Marx sabia que

> a desordem que ali reinava era apenas aparente: cada coisa estava justamente no lugar desejado, de modo que, sem precisar dedicar muito esforço a procurar, ele atinava facilmente com o livro ou o caderno de que necessitava. [...] É como se Marx e seu escritório formassem uma só pessoa: ali, livros e papéis lhe obedeciam como se fossem seus membros.[14]

A completar o mobiliário, havia uma grande cômoda, sobre a qual se dispunham as fotografias de seus mais caros afetos, como a do companheiro Wilhelm Wolff (1809-1864), a quem ele dedicara *O capital*. Por muito tempo, também fizeram parte do escritório um busto de Júpiter e dois pedaços do papel de parede da casa de Gottfried Leibniz (1646-1716). As duas relíquias lhe haviam sido presenteadas por Ludwig Kugelmann (1828-1902), seu médico e amigo íntimo durante muitos anos: a primeira, no Natal de 1867, e a segunda, em 1870, por ocasião do aniversário de 52 anos de Marx, quando, em Hanôver, foi demolida a casa do maior filósofo alemão do século XVII.

---

[12] Idem.
[13] Henry Hyndman, *The Record of an Adventurous Life* (Nova York, Macmillan, 1911), p. 250.
[14] Paul Lafargue, em Instituto do Marxismo-Leninismo (org.), *Reminiscences of Marx and Engels*, cit., p. 74.

A residência de Marx situava-se no número 41 da Maitland Park Road, rua de casas geminadas na zona norte de Londres. A família transferira-se para lá em 1875. Era uma casa alugada, como a anterior, porém menor e mais barata do que aquela ocupada por mais de dez anos no número 1 da mesma rua[15]. À época, o núcleo familiar compunha-se de Marx e sua mulher, Jenny, da filha mais nova, Eleanor (1855-1898), e de Helene Demuth (1823-1890), a fiel governanta que com eles morava havia quase quarenta anos. Acompanhavam-nos também três cães muito amados por Marx – Toddy, Whisky e um terceiro, cujo nome não nos chegou –, "que não pertenciam a nenhuma raça definida [...] e estavam entre os membros mais importantes da comunidade"[16].

Em 1870, Engels, depois de ter-se retirado dos negócios e deixado sua morada no centro de Manchester, instalou-se também nas redondezas, no número 122 da Regent's Park Road, a apenas um quilômetro de distância do companheiro com quem, desde o longínquo ano de 1844, compartilhava a luta política e a mais sincera das amizades[17].

Devido às inúmeras enfermidades que afetaram a saúde de Marx, "alguns anos antes os médicos [o haviam] expressamente proibido de trabalhar à noite"[18]. No entanto, ele continuava, com pertinácia e incansável dedicação, a consagrar seus dias à pesquisa. Seu principal objetivo era o de concluir *O capital*, cujo segundo volume se encontrava em elaboração desde a publicação do primeiro, ocorrida em 1867.

Além disso, Marx acompanhava, com atenção e senso crítico, todos os principais eventos políticos e econômicos em curso, esforçando-se por prever os novos cenários que eles viriam a produzir na luta pela emancipação das classes trabalhadoras.

Por fim, sua mente enciclopédica, guiada por uma curiosidade intelectual inesgotável, o instigava a atualizar constantemente seus conhecimentos e a manter-se bem informado sobre os últimos desenvolvimentos científicos. Foi por essa razão que, nos derradeiros anos de sua vida, Marx redigiu dezenas de cadernos de apontamentos e sínteses de uma quantidade enorme de volumes de matemática, fisiologia, geologia, mineralogia, agronomia, química e física, além

---

[15] Ver Asa Briggs e John Callow, *Marx in London: An Illustrated Guide* (Londres, Lawrence and Wishart, 2008), p. 62-5.
[16] Marian Comyn, "My Recollections of Marx", *The Nineteenth Century and After*, v. 91, jan. 1922, p. 165.
[17] Em julho daquele ano, Engels, que herdara do pai a copropriedade de uma fábrica de linhas de costura (a Ermen & Engels), vendera sua cota de participação ao sócio, obtendo na transação capital suficiente para garantir um padrão de vida decente para si mesmo e para a família Marx.
[18] "Karl Marx to Nikolai Danielson", 19 de fevereiro de 1881, em MECW, v. 46, p. 61.

de artigos de jornais e revistas, documentos parlamentares, estatísticas e relatórios e publicações de órgãos estatais, como no caso dos já mencionados *livros azuis*.

O tempo dedicado a esses estudos multidisciplinares, realizados sobre textos escritos em diversas línguas, era raramente interrompido. Até mesmo Engels lamentava a situação: dizia que só "com muita dificuldade" conseguia "convencê-lo a abandonar o escritório"[19]. À parte esses casos excepcionais, Marx deixava o trabalho apenas em ocasiões de compromissos habituais e de praxe.

Nos fins de tarde, costumava vestir um sobretudo e dirigir-se ao Maitland Park, vizinho à sua casa, onde gostava de passear acompanhado de Johnny (1876-1938), seu neto mais velho, ou então ao parque de Hampstead Heath, um pouco mais distante, cenário de tantos domingos felizes passados com a família. Uma amiga de sua filha mais nova, a atriz inglesa Marian Comyn (1861-1938), descreveu em poucas palavras a cena a que assistiam diariamente:

> Ao entardecer, enquanto eu me encontrava na sala de estar, sentada no tapete, ao lado de Eleanor Marx [...], ouvíamos fechar-se levemente a porta da casa e, pouco depois, víamos a silhueta de Marx passar diante da janela, com um capote preto e um chapéu macio e flácido – sua filha costumava dizer que ele parecia um conspirador saído de uma cena de teatro. Geralmente só voltava para casa depois que escurecia.[20]

Outros momentos de diversão eram as reuniões do chamado Dogberry Club[21] – nome inspirado num personagem da comédia *Muito barulho por nada*, de William Shakespeare (1564-1616) –, nos quais se realizavam recitais familiares das obras do escritor inglês e jantares preparados por Engels, por conhecidos mais íntimos e amigos de suas filhas[22]. O sarcasmo empregado por Marx para descrever as sensações experimentadas no decorrer dessas noitadas não é menos incisivo que o usado em seus escritos para demolir adversários teóricos: "É estranho o fato de ser impossível viver sem companhia e de, quando a temos, fazermos de tudo para nos livrarmos dela"[23].

A situação difícil da família Marx não impediu que sua casa estivesse sempre aberta a muitos visitantes, que, de diversos países, iam discutir pessoalmente com o respeitado economista e famoso revolucionário. Em 1881, foram conhecê-lo

---

[19] Karl Kautsky, em Hans Magnus Enzensberger (org.), *Gespräche mit Marx und Engels*, cit., p. 556.
[20] Marian Comyn, "My Recollections of Marx", cit., p. 163.
[21] "Karl Marx to Jenny Longuet", 11 de abril de 1881, em MECW, v. 46, p. 82.
[22] Marian Comyn, "My Recollections of Marx", cit., p. 161.
[23] "Karl Marx to Jenny Longuet", 11 de abril de 1881, cit., p. 82.

o economista Nikolai Ziber (1844-1888), nascido na Crimeia, o professor da Universidade de Moscou Nikolai Kablukov (1849-1919), o jornalista alemão e futuro deputado do Reichstag Louis Viereck (1851-1922), o social-democrata Friedrich Fritzsche (1825-1905) e o populista russo Leo Hartmann (1850-1908), entre outros. Também frequentaram assiduamente a casa na Maitland Park Road: Carl Hirsch (1841-1900), jornalista ligado ao Partido Social-Democrata Alemão, Henry Hyndman (1842-1921), que exatamente naquele ano havia fundado a Federação Democrática (DF) na Inglaterra, e Karl Kautsky (1854--1938), jovem socialista originário de Praga, que fora a Londres para aprofundar os conhecimentos de política junto a Marx e Engels e que se tornaria um dos mais influentes teóricos do movimento operário.

Quem quer que entrasse em contato com Marx não conseguia ficar indiferente ao fascínio de sua pessoa nem deixar de se impressionar com seu aspecto físico. O político escocês Mountstuart Elphinstone Grant Duff (1829-1906), que o conheceu no início de 1879, disse que o semblante de Marx tinha "algo de severo, mas a expressão inteira da face [era] muito afável, bem diferente da expressão de um homem acostumado a devorar recém-nascidos no berço, como – cabia dizer – pensa[va] a polícia sobre ele"[24].

Eduard Bernstein (1850-1932) também se impressionou com a humanidade e a modéstia de Marx: "Pelos relatos que ouvira, na maioria feitos por seus adversários, eu esperava encontrar um velho ranzinza, sempre prestes a explodir. Em vez disso, encontrei-me diante de um homem de cabelos brancos e olhos escuros, amistosos e sorridentes, que falava com grande suavidade"[25].

Kautsky recordou que "Marx tinha o aspecto cheio de dignidade do patriarca"[26] e que fora acolhido por ele "com um sorriso gentil, que [lhe] pareceu quase paterno"[27]; recordou também que, diferentemente de Engels, que "estava sempre bem-vestido", ele "era indiferente às formas externas"[28].

Marian Comyn, por fim, descreveu bem seu temperamento:

> Era uma personalidade extraordinariamente forte e dominadora. Sua cabeça era grande, coberta de cabelos grisalhos e razoavelmente longos, que combinavam bem com a barba e os bigodes desgrenhados. Dos olhos negros, pequenos, mas

---

[24] ["Sir Mountstuart Elphinstone Grant Duff's Account of a Talk with Karl Marx. From a Letter to Crown Princess Victoria"], 1º de fevereiro de 1879, em MECW, v. 24, p. 580-3.
[25] Edward Bernstein, *My Years of Exile* (Londres, Leonard Parsons, 1921), p. 156.
[26] Karl Kautsky, em Hans Magnus Enzensberger (org.), *Gespräche mit Marx und Engels*, cit., p. 556.
[27] Ibidem, p. 558.
[28] Ibidem, p. 556.

de olhar vivo e penetrante, lampejava uma alegria sarcástica. [...] Jamais criticava; aceitava brincadeiras e, quando uma tirada lhe parecia muito cômica, chorava de rir. Era o mais velho de todos nós – e de muitos anos –, mas, em termos de vitalidade, dava um nó nos mais jovens.[29]

Se a casa de Marx estava frequentemente cheia, também sua caixa de correio encontrava-se sempre abarrotada de correspondências. A cada semana chegava um volume enorme de cartas de militantes e intelectuais de diversos países. Os remetentes consultavam o dirigente da Associação Internacional dos Trabalhadores acerca dos principais acontecimentos políticos da época e pediam sugestões sobre que decisões tomar e sobre as atitudes mais adequadas.

Como pano de fundo dos dias de Marx, lá estava o inverno inglês, cinzento e chuvoso. Como ele escreveu ao economista Nikolai Danielson (1844-1918), embora sua "saúde [tivesse] melhorado, depois do [...] retorno a Ramsgate", era justamente aquele "tempo horrível, que já dura[va] meses", a razão pela qual havia contraído uma "tosse e um resfriado perenes que lhe perturbavam o sono"[30].

Infelizmente, também as condições de Jenny von Westphalen continuaram a piorar e, com o início da primavera, Marx teve de consultar um novo especialista, o dr. Bryan Donkin (1842-1927), na esperança de encontrar tratamento para a doença da mulher.

Ainda ao amigo russo Danielson, Marx relatou outro acontecimento entristecedor. Uma anistia do governo francês, promulgada em julho de 1880, permitiu o retorno à pátria de uma centena de revolucionários que haviam sido obrigados a refugiar-se no exterior em decorrência da repressão à Comuna de Paris de 1871. Embora, do ponto de vista político, a notícia só pudesse alegrá-lo, no plano pessoal suas consequências foram fonte de sofrimento. Sua filha mais velha, Jenny (1844-1883), casada havia dez anos com o jornalista e *communard* Charles Longuet – a quem fora oferecida a posição de codiretor do *La Justice*, diário dos radicais, fundado por Georges Clemenceau (1841-1929) –, pôde retornar à capital francesa com os filhos. A separação provocou grande tristeza tanto em Marx como em sua mulher, pois os "três netos [...] eram fonte inesgotável de alegria de viver"[31].

Nos meses seguintes, a ausência deles despertou constantemente a lembrança de sua companhia, alternando, na alma de Marx, sentimentos de alegria e melancolia. Nas cartas endereçadas a Jenny, sempre pedia notícias e os saudava:

---

[29] Marian Comyn, "My Recollections of Marx", cit., p. 161.
[30] "Karl Marx to Nikolai Danielson", 19 de fevereiro de 1881, cit., p. 60.
[31] Ibidem, p. 61.

Sem você, Johnny, "Harra!" e o "Sr. Chá [*Mr. Tea*]"³², desde que partiram, isto aqui é um tédio. Às vezes, quando ouço vozes de crianças que parecem com as deles, corro até a janela, esquecendo, por um momento, que os meninos estão do outro lado da Mancha!³³

No fim de abril, quando Jenny deu à luz o quarto neto de Marx, ele congratulou-se jocosamente com a filha, escrevendo-lhe que "as [suas] 'mulheres' [haviam] prev[isto] que o 'recém-chegado' aumentaria a 'melhor metade' da população". Além disso, acrescentou: "De minha parte, prefiro que as crianças nascidas neste momento de reviravolta da história sejam do sexo 'masculino'. Elas têm diante de si o período mais revolucionário que os seres humanos já tiveram de atravessar"³⁴.

A essas considerações, que misturavam esperanças políticas e preconceitos comuns aos homens de sua geração, seguiram-se duas preocupações. A primeira, estritamente pessoal, derivava do desgosto por não poder ajudar a filha, que agora morava longe, levando uma vida de privações que lhe recordava o que ele mesmo vivera por tanto tempo. Em sua carta, Marx transmitiu as palavras da mulher enferma, que desejava a Jenny "todo o bem possível", mas lamentava o fato de esses votos servirem apenas "para mascarar sua própria impotência". A segunda contrariedade, no entanto, dizia respeito à dimensão política, ou seja, à consciência de não poder viver a nova e entusiasmante etapa da luta do movimento operário internacional, prestes a florescer: "O que é terrível é estar 'velho' o bastante para poder apenas prever, em vez de ver"³⁵.

Infelizmente, todos os problemas se agravariam em seguida. No início de junho, Marx informou a John Swinton que a doença da mulher estava "assumindo

---

[32] Esses eram os apelidos pelos quais Marx chamava os netos Jean (1876-1938), Henri (1878- -1883) e Edgar (1879-1950) Longuet. O mais novo recordou que o avô "brincava com os netos como se fosse ele também criança, sem se preocupar minimamente se, com isso, sua autoridade acabaria prejudicada. Nas ruas do bairro, ele era chamado de 'papai Marx'. Nos bolsos, levava sempre balas para presentear as crianças. Depois, transferiu aquele amor para os netinhos". Edgar Longuet, em Hans Magnus Enzensberger (org.), *Gespräche mit Marx und Engels*, cit., p. 579. August Bebel (1840-1913) recordou o modo como Marx "sabia brincar com os dois netos e com quanto amor estes lhe eram apegados" (August Bebel, em ibidem, p. 528); Hyndman afirmou: "As crianças o amavam, e ele brincava com elas como amigo" (*The Record of an Adventurous Life*, cit., p. 259); e Liebknecht, por fim, relatou que, "para Marx, a companhia das crianças era uma necessidade: ao mesmo tempo repouso e refrigério" (em Hans Magnus Enzensberger [org.], *Gespräche mit Marx und Engels*, cit., p. 541).

[33] "Karl Marx to Jenny Longuet", 11 de abril de 1881, cit., p. 81.

[34] "Karl Marx to Jenny Longuet", 29 de abril de 1881, em MECW, v. 46, p. 89.

[35] Idem.

caráter cada vez mais fatal"[36]. Ele mesmo continuou a sofrer novos distúrbios físicos e, por causa de uma perna enrijecida pelo reumatismo, teve de submeter-se a alguns banhos turcos[37]. Como relatou à filha Jenny, contraiu também "um tremendo resfriado, quase crônico", embora sentisse que "estava sarando rapidamente". Enfim, tinha muita saudade da companhia da primogênita e dos netinhos: "Não há dia em que meus pensamentos não estejam contigo e com as queridas crianças". A Johnny, enviou também uma cópia do conto "Reinecke Fuchs" [Reinecke Raposo], de Johann Wolfgang von Goethe (1749-1832), perguntando, em seguida, se "o pobrezinho [tinha] alguém que o lesse em voz alta para ele"[38].

A primeira metade de 1881 transcorreu desse modo difícil e penoso. A segunda seria ainda pior.

2. Entre a antropologia e a matemática

De qualquer modo, apesar dos infortúnios pessoais, nos primeiros meses de 1881, Marx continuou a trabalhar, sempre que lhe era possível. Também nesse período, contrariamente à representação que muitos de seus biógrafos fizeram dos últimos anos de sua vida como um período em que ele teria perdido a curiosidade intelectual e a capacidade de elaboração teórica, Marx não só continuou suas pesquisas, como as estendeu a novas disciplinas[39].

---

[36] "Karl Marx to John Swinton", 2 de junho de 1881, em MECW, v. 46, p. 93.
[37] "Friedrich Engels to Jenny Longuet", 31 de maio de 1881, em MECW, v. 46, p. 77.
[38] "Karl Marx to Jenny Longuet", 6 de junho de 1881, em MECW, v. 48, p. 95.
[39] Em 1918, Franz Mehring descreveu como "muito exagerada" a afirmação dos que definiram a última década de Marx como "uma morte lenta" (*Karl Marx: The Story of His Life* [Ann Arbor, University of Michigan Press, 1962], p. 501); também escreveu, incorretamente, que, "a partir de 1878, ele não trabalhou mais na elaboração de sua obra-prima" (ibidem, p. 526). Em 1923, David Riazánov declarou que, "se é verdade que entre os anos 1881-1883 Marx havia perdido sua capacidade de trabalho criativo, nele nunca diminuíram o gosto e a capacidade de pesquisa" ("Neueste Mitteilungen über den literarischen Nachlaß von Karl Marx und Friedrich Engels", *Archiv für die Geschichte des Sozialismus und der Arbeiterbewegung*, v. 11, 1925, p. 386). Em 1929, Karl Vorländer proclamou: "Para um homem que amadurecera tão rapidamente, mas que também enfrentara tantas e tão graves provações como Karl Marx, a velhice física chegou antes que para muitos outros" (*Karl Marx*, Leipzig, F. Meiner, 1929, p. 255); acrescentou ainda que, "já desde 1878, ele se sentia com mais frequência e cada vez mais incapaz de trabalhar" (ibidem, p. 291). Dez anos mais tarde, Isaiah Berlin afirmou que "nos últimos dez anos de vida, [...] Marx escreveu cada vez menos, e aquilo que escrevia era cada vez mais complicado e obscuro" (*Karl Marx: His Life and Environment*, Londres, Oxford University Press, 1963, p. 280). A última fase da elaboração de Marx foi certamente complexa e, com frequência, até mesmo tortuosa, mas também muito importante do ponto de vista teórico.

No mês de fevereiro, ele confidenciara a Danielson que estava "em débito de um número assustador de cartas" com seus correspondentes, porque estava muito empenhado em novos estudos e esforçava-se por levar adiante os baseados "numa enorme quantidade de *livros azuis* que recebera de diversos países, sobretudo dos Estados Unidos"[40].

Entre dezembro de 1880 e junho de 1881, os interesses de estudo de Marx foram absorvidos por mais uma disciplina: a antropologia. Marx deu início a seu aprofundamento com o livro *A sociedade antiga* (1877), do antropólogo norte-americano Lewis Henry Morgan (1818-1881), recebido, dois anos depois de sua publicação, do etnógrafo russo Maksim Kovalévski (1851-1916), que o trouxera no retorno de uma viagem à América do Norte.

Esse texto, a cuja leitura Marx dedicou particular atenção – interessou-o sobretudo a relevância que Morgan atribuía à produção e aos fatores técnicos como precondições do desenvolvimento do progresso social –, revelou-se determinante, a ponto de levá-lo a redigir sobre ele um compêndio, que contava cem densas páginas. Essas anotações compõem a parte principal dos chamados *Cadernos etnológicos*[41]. Em seu interior, figuram também os fichamentos de outros volumes: *Java, or How to Manage a Colony* [Java, ou como administrar uma colônia] (1861), de James Money (1818-1890), advogado e estudioso especializado em Indonésia; *The Aryan Village in India and Ceylon* [A aldeia ariana na Índia e no Ceilão] (1880), de John Phear (1825-1905), presidente da suprema corte do Sri Lanka; e *Lectures on the Early History of Institutions* [Lições sobre a história antiga das instituições] (1875), do historiador Henry Maine (1822-1888), perfazendo um total de mais de cem folhas[42]. As comparações entre as teorias desses autores, feitas por Marx em seus compêndios, levam a supor que todo esse material foi elaborado num período relativamente breve e que, em sua base, estava a vontade de realizar um estudo exaustivo da matéria.

Em suas pesquisas precedentes, Marx já havia examinado as formas socioeconômicas do passado, às quais dedicara numerosos comentários, como na primeira parte do manuscrito *A ideologia alemã*, na longa seção dos *Grundrisse* intitulada

---

[40] "Karl Marx to Nikolai Danielson", 19 de fevereiro de 1881, cit., p. 61.

[41] O título *The Ethnological Notebooks of Karl Marx* foi conferido posteriormente por Lawrence Krader, editor desses manuscritos. No entanto, o conteúdo desses estudos está mais propriamente relacionado à antropologia, não à etnologia, que nem sequer é mencionada pelo autor.

[42] Lawrence Krader (org.), *The Ethnological Notebooks of Karl Marx* (Assen, Van Gorcum, 1972). Marx não indicou uma datação precisa de seu trabalho. Krader, o principal estudioso desses textos, afirma que, num primeiro momento, Marx familiarizou-se com o texto de Morgan e, só mais tarde, redigiu as sínteses (Lawrence Krader, "Addenda", em ibidem, p. 87). A esse propósito, referindo-se ao período passado em Londres, entre março e junho de 1881, Kautsky afirma que "a pré-história e a etnologia [...] ocupavam Marx intensamente então" (em Hans Magnus Enzensberger [org.], *Gespräche mit Marx und Engels*, cit., p. 552).

"Formas que precederam a produção capitalista", e também no primeiro volume de *O capital*. Em 1879, por meio do estudo do livro *A propriedade comum da terra* (1879), de Maksim Kovalévski, Marx retornou uma vez mais ao tema. Este, no entanto, só se tornou objeto de estudo aprofundado e atualizado com a redação dos *Cadernos etnológicos*.

As pesquisas que acompanharam sua composição foram realizadas com o objetivo preciso de aumentar seu conhecimento acerca de períodos históricos, áreas geográficas e temáticas consideradas fundamentais para a continuidade de seu projeto de crítica da economia política. Ademais, essas investigações permitiram a Marx adquirir informações particularizadas sobre as características sociais e institucionais do passado mais remoto, das quais ele ainda não dispunha quando redigira os manuscritos e as obras dos anos 1850 e 1860, e, afinal, estavam em dia com as teorias mais recentes dos mais eminentes estudiosos de cada área.

Marx dedicou-se a esse estudo, muito custoso em termos de energia, no mesmo período em que ainda ambicionava completar o segundo volume de *O capital* – e não o fez movido por mera curiosidade intelectual, mas com uma intenção rigorosamente teórico-política. Seu objetivo era reconstruir, com base na correta consciência histórica, a sequência provável com a qual, no curso do tempo, haviam-se sucedido os diferentes modos de produção. Essa sequência lhe servia também para fornecer fundamentos históricos mais sólidos à possível transformação comunista da sociedade[43].

Perseguindo esse objetivo, ao redigir os *Cadernos etnológicos*, Marx redigiu longos compêndios e interessantes anotações sobre a pré-história, o desenvolvimento dos vínculos familiares, as condições das mulheres, a origem das relações de propriedade, as práticas comunitárias existentes nas sociedades pré-capitalistas, a formação e a natureza do poder estatal, o papel do indivíduo, além de outras questões mais próximas de sua época, como, por exemplo, as conotações racistas de alguns antropólogos e os efeitos do colonialismo.

Sobre o tema específico da pré-história e do desenvolvimento dos vínculos familiares, Marx extraiu tantas indicações úteis do pensamento de Morgan que, como relatou Henry Hyndman, "quando [as teses expostas em] *A sociedade antiga* demonstraram [a Marx], de modo convincente, que era a *gens*[44], não a família, a

---

[43] Sobre esse ponto, ver também as recentes observações de Pierre Dardot e Christian Laval, *Marx, prénom: Karl* (Paris, Gallimard, 2012), p. 667.

[44] A *gens* era uma unidade "formada por parentes consanguíneos de descendência comum". Ver Lewis Henry Morgan, *Ancient Society* (Nova York, Henry Holt, 1877), p. 35 [ed. bras.: *A Sociedade antiga*, Rio de Janeiro, Zahar, 2014. Entretanto, a tradução aqui apresentada foi feita a partir do original inglês – N. T.]

unidade social do antigo sistema tribal e da sociedade primordial, [ele] modificou imediatamente sua opinião anterior"[45].

Foram precisamente as investigações antropológicas de Morgan sobre a estrutura social das populações primitivas que lhe permitiram superar os limites das interpretações tradicionais a respeito dos sistemas de parentesco, entre as quais a do historiador Barthold Niebuhr (1776-1831) em *História romana* (1811-1812).

Antes de tudo, Morgan esclareceu, na contracorrente de todas as hipóteses anteriores, que havia sido um grave erro sustentar que a *gens* era "posterior [...] à família monogâmica", entendendo-a como resultado de um "agregado de famílias"[46]. Em seus estudos sobre a pré-história da humanidade e das sociedades antigas, ele chegou a uma conclusão de grande interesse para Marx. A família patriarcal não deveria ser considerada a unidade básica e originária da sociedade, mas, sim, uma forma de organização social surgida posteriormente, numa época mais recente do que em geral se acreditava. Ela era "uma organização demasiadamente frágil para enfrentar, sozinha, as dificuldades da existência"[47]. Muito mais plausível era supor a presença de uma forma como a assumida pelos aborígenes da América, a família sindiásmica, "na qual se praticava o princípio do modo de vida comunista"[48].

Por outro lado, Marx criticou Henry J. S. Maine, com quem travou constante polêmica nas páginas de seus compêndios. Em seu livro *Lições sobre a história antiga das instituições*, ele concebera "a família privada [como a] base a partir da qual se haviam desenvolvido o *sept* e o clã". O desacordo de Marx em relação a essa tentativa de mover para trás os ponteiros da história, transferindo a época vitoriana para a pré-história, levou-o a afirmar que "o sr. Maine, como um estúpido inglês, não procede da *gens*, mas do patriarca, que mais tarde se converte no chefe etc. Asneiras!"[49].

E continua num crescendo de críticas escarnecedoras: "Maine, afinal, não consegue tirar da cabeça a família privada inglesa"[50]; "Maine transfere a família 'patriarcal' romana para a origem da história"[51]. As descomposturas de Marx não poupam outro autor, Phear, sobre o qual diz: "Esse asno faz com que tudo tenha sido fundado pelas famílias privadas"[52].

---

[45] Henry Hyndman, *The Record of an Adventurous Life*, cit., p. 253-4.
[46] Lewis Henry Morgan, *Ancient Society*, cit., p. 515.
[47] Ibidem, p. 472.
[48] Karl Marx, em Lawrence Krader (org.), *The Ethnological Notebooks of Karl Marx*, cit., p. 115.
[49] Ibidem, p. 292.
[50] Ibidem, p. 309.
[51] Ibidem, p. 324.
[52] Ibidem, p. 281.

Quanto a Morgan, Marx também achou estimulantes outras constatações desse autor sobre o conceito de família, como a de que a palavra latina *família* – que em seu "significado original" continha a mesma raiz de *famulus* (fâmulo, criado) – "não guardava qualquer relação com o casal casado e seus filhos, mas, sim, com o conjunto dos escravos e dos criados que trabalhavam para a manutenção dos patrões e estavam sob o poder do *pater familias*"[53]. Sobre isso, Marx anotou:

> A família moderna contém em germe não somente a *servitus* (a escravidão), mas também a servidão da gleba; desde o princípio, ela pôs suas relações a serviço da agricultura. Possui em miniatura todos os antagonismos que, mais tarde, se desenvolverão em massa na sociedade e em seu Estado. [...] A existência da família monogâmica, para poder levar uma existência separada [dos outros], pressupõe sempre uma classe doméstica que em todos os lugares, na origem, era constituída diretamente de escravos.[54]

Também em outro ponto de seus compêndios, acrescentando uma consideração própria, Marx escreveu que "a propriedade privada [de] casas, terras e rebanhos estava relacionada com a família monogâmica"[55]. De fato, como indicado no *Manifesto do Partido Comunista*, isso representava o ponto de partida da história como "história das lutas de classes"[56].

Em *A origem da família, da propriedade privada e do Estado* (1884) – livro que o autor descreveu como "execução de um testamento", nada mais que uma "pobre compensação" para aquilo que seu "falecido amigo" não vivera para escrever[57] –, Engels completou a análise de Marx nos *Cadernos etnológicos*. A monogamia, observou ele, entrou em cena

> como a subjugação de um sexo pelo outro, como proclamação de um conflito entre os sexos, desconhecido em toda a história pregressa. Em um antigo manuscrito inédito, elaborado por Marx e por mim em 1846, encontro o seguinte: "A

---

[53] Lewis Henry Morgan, *Ancient Society*, cit., p. 469.
[54] Ibidem, p. 120.
[55] Ibidem, p. 21.
[56] Karl Marx e Friedrich Engels, *Manifesto Comunista* (trad. Álvaro Pina e Ivana Jinkings, São Paulo, Boitempo, 1998), p. 40. Numa nota à edição de 1888 do *Manifesto*, Engels escreveu: "A organização interna dessa sociedade comunista primitiva foi desvendada, em sua forma típica, pela descoberta de [Lewis] Morgan da verdadeira natureza do *gens* e de sua relação com a tribo. Após a dissolução dessas comunidades primitivas, a sociedade passou a dividir-se em classes distintas" (idem).
[57] Friedrich Engels, *A origem da família, da propriedade privada e do Estado* (trad. Nélio Schneider, São Paulo, Boitempo, no prelo).

primeira divisão do trabalho foi a que ocorreu entre homem e mulher visando à geração de filhos"[58]. E hoje posso acrescentar: o primeiro antagonismo de classes que apareceu na história coincide com o desenvolvimento do antagonismo de homem e mulher no casamento monogâmico, e a primeira opressão de classe coincide com a do sexo feminino pelo sexo masculino. O casamento monogâmico [...] é a forma celular da sociedade civilizada, na qual já podemos estudar a natureza dos antagonismos e das contradições que nela se desdobrarão plenamente.[59]

Além disso, Marx também prestou muita atenção às considerações de Morgan sobre a igualdade entre os sexos. Segundo esse autor, as sociedades antigas eram mais avançadas quanto ao tratamento dispensado às mulheres e ao comportamento para com elas. Sobre essa questão, Marx transcreveu trechos do livro do antropólogo norte-americano em ele observara que, entre os gregos, "a mudança da descendência da linhagem materna para a linhagem paterna teve efeito prejudicial sobre a posição e os direitos das esposas e das mulheres". E acrescentou que, na Grécia antiga, "reinava um princípio de sistemático egoísmo entre os homens, que tendia a diminuir o juízo [de valor] sobre as mulheres e estava escassamente presente entre os 'selvagens'". Morgan avaliava de modo muito negativo o modelo social grego. Os gregos "continuaram 'bárbaros' no modo de tratar as mulheres, mesmo no auge de sua civilização. Sua educação era superficial, [e] a inferioridade era inculcada às mulheres como princípio, até que foi aceita como realidade por elas mesmas". Pensando no contraste com os mitos do mundo clássico, Marx acrescentou um comentário perspicaz: "A condição das deusas no Olimpo é uma recordação da posição das mulheres, outrora mais livre e mais influente. Juno, ávida de domínio; a deusa da sabedoria sai da cabeça de Zeus etc."[60].

Da leitura de Morgan, Marx também extraiu elementos acerca de outro tema de grande importância: a origem das relações de propriedade. O famoso antropólogo, de fato, estabelecera uma relação de causalidade entre os diversos tipos de estrutura de parentesco e as formas socioeconômicas. Segundo Morgan, na história ocidental, as razões do sucesso do sistema descritivo – ou seja, aquele em que se descrevem os consanguíneos e a relação de parentesco de cada pessoa é mais específica (consanguíneos são "o filho do irmão, do irmão do pai e do

---

[58] Engels refere-se aqui a Karl Marx e Friedrich Engels, *A ideologia alemã* (1. ed. rev., trad. Rubens Enderle, Nélio Schneider, Luciano Cavini Martorano, São Paulo, Boitempo, 2011); ver capítulo "I. Feuerbach", p. 35-92.

[59] Friedrich Engels, *A origem da família, da propriedade privada e do Estado*, cit. Nesse escrito, Engels publicou alguns comentários de Marx à obra de Morgan, extraídos dos *Cadernos etnológicos*.

[60] Lawrence Krader (org.), *The Ethnological Notebooks of Karl Marx*, cit., p. 121.

filho do irmão do pai") – e da decadência do sistema classificatório – no qual os consanguíneos são agrupados em categorias sem levar em consideração o grau de "proximidade ou distância em relação ao *Ego*" ("meus irmãos carnais e os filhos dos irmãos de meu pai são todos, do mesmo modo, meus irmãos") – devem ser buscadas no desenvolvimento da propriedade e do Estado[61].

No livro de Morgan, subdividido em quatro partes, aquela dedicada ao "Desenvolvimento da ideia de família" (III) fora colocada depois da seção sobre "O desenvolvimento intelectual mediante as invenções e descobertas" (I) e "Sobre o desenvolvimento da ideia de governo" (II) e antes do "Desenvolvimento da ideia de propriedade" (IV). Marx inverteu a ordem dos temas – I. invenções, II. família, III. propriedade e IV. governo – para tornar mais evidente o nexo existente entre as duas últimas.

A propósito do "princípio aristocrático", Morgan afirmou que, embora "os direitos da riqueza e da posição social" já prevalecessem desde milênios sobre "a justiça e a inteligência", havia "provas suficientes para se poder dizer que [...] as classes privilegiadas [...] exercem ação onerosa (*burdensome*) e opressiva sobre a sociedade"[62].

Marx copiou quase inteiramente uma das páginas finais de *A sociedade antiga*, dedicada às distorções que a propriedade podia engendrar. Nela se encontram conceitos que o impressionaram profundamente.

> Desde o advento da civilização, o desenvolvimento da propriedade tem sido tão imenso, suas formas, tão diversificadas, seus usos, tão ampliados, e sua administração (*management*), tão inteligente no interesse dos proprietários que, em relação ao povo, ela se tornou um poder inacessível. A mente humana imobiliza-se atônita na presença de sua própria criação. Virá o tempo, no entanto, em que a inteligência humana se elevará ao domínio da propriedade, redefinindo as relações entre o Estado e a propriedade, da qual ele é o protetor, assim como as obrigações e os limites dos direitos de seus possuidores. Os interesses da sociedade precedem os do indivíduo, e os dois têm de ser levados a manter relações justas e harmoniosas.[63]

Morgan recusava-se a acreditar que o "destino final da humanidade" fosse a "mera busca de riquezas" e lançou uma advertência severa:

> A dissolução da sociedade promete ser o único resultado possível de um curso histórico do qual a propriedade constitui o fim e o objetivo último; porque tal

---

[61] Ibidem, p. 123 e 104. Ver Maurice Godelier, *Horizon, trajets marxistes en anthropologie* (Paris, François Maspéro, 1973), p. 178-9.
[62] Lewis Henry Morgan, *Ancient Society*, cit., p. 551.
[63] Ibidem, p. 551-2.

curso histórico contém os elementos de sua autodestruição. Democracia no governo, fraternidade na sociedade, igualdade de direitos e privilégios, além de educação universal: assim devemos prefigurar a condição futura mais elevada da sociedade, em direção à qual impulsionam constantemente a experiência, a inteligência e o conhecimento. Será (uma forma superior da humanidade)[64] um renascimento, em forma superior (de sociedade), da liberdade, da igualdade e da fraternidade das antigas *gentes*.[65]

A "civilização" burguesa não seria, portanto, a última etapa da humanidade, mas representaria, ela também, uma época transitória. Embora tenha surgido ao fim de duas longas épocas – o "estado selvagem" e o "estado barbárico", segundo os termos então correntes –, sucessivamente à abolição das formas comunitárias de organização social (que, por sua vez, haviam implodido em decorrência da acumulação da propriedade e da riqueza e da emergência das classes sociais e do Estado), mais cedo ou mais tarde pré-história e história estavam destinadas a se reencontrar[66].

Morgan considerava as sociedades antigas extremamente democráticas e solidárias. Quanto à sociedade do presente, limitou-se a uma declaração de otimismo acerca do progresso da humanidade, sem invocar a exigência da luta política. Já Marx, por seu turno, não aventou, como solução, a hipótese de reedição socialista do "mito do bom selvagem". De fato, ele jamais desejou um retorno ao passado, mas – como acrescentou na transcrição do livro de Morgan – vislumbrou o advento de um "tipo de sociedade superior"[67], baseado em nova forma de produção e novo modo consumo. Além disso, essa sociedade não surgiria de uma evolução mecânica da história, mas apenas por meio da luta consciente da classe trabalhadora.

Dos textos de antropologia, Marx leu, em suma, tudo que dizia respeito à origem e às funções do Estado. Por meio dos excertos de Morgan, resumiu o papel

---

[64] As palavras entre parênteses foram acrescentadas por Marx; ver Lawrence Krader (org.), *The Ethnological Notebooks of Karl Marx*, cit., p. 139.
[65] Lewis Henry Morgan, *Ancient Society*, cit., p. 551-2.
[66] Ver Maurice Godelier, *Horizon, trajets marxistes en anthropologie*, cit., p. 178-9.
[67] Lawrence Krader (org.), *The Ethnological Notebooks of Karl Marx*, cit., p. 139. De acordo com Krader, "Marx aplicou o ponto de vista de Morgan, segundo o qual na coletividade antiga existiam as características da sociedade que o homem deverá reconstruir se almejar superar as distorções de sua condição no estado da civilização. Marx deixou claro – coisa que Morgan não fez – que esse processo de reconstituição ocorrerá num nível distinto do antigo, que se trata de um esforço humano, realizado pelo e para o próprio homem, que os antagonismos da civilização não são estáticos nem passivos, mas consistem em interesses sociais dispostos a favor e contra o resultado da reconstituição, e isso será determinado de maneira ativa e dinâmica" (Lawrence Krader, "Introduction", em ibidem, p. 14).

desempenhado por essa instituição na fase de transição da barbárie à civilização, ao passo que, em seus apontamentos sobre o texto de Maine, dedicou-se à análise das relações entre indivíduo e Estado[68]. Em consonância com suas mais importantes elaborações sobre o tema, desde a *Crítica da filosofia do direito de Hegel*[69] (1843) até *A guerra civil na França*[70] (1871), também nos *Cadernos etnológicos* Marx retratou o Estado como um poder de subjugação da sociedade, uma força que impede a plena emancipação do indivíduo.

Nas anotações redigidas em 1881, ele insistiu no caráter parasitário e transitório do Estado e, referindo-se a Maine, explicitou:

> [Ele] ignora [...] que a existência suprema e autônoma do Estado é apenas aparente e, em todas as suas formas, uma excrescência da sociedade; do mesmo modo como seu surgimento só ocorre a partir de certo grau de desenvolvimento social, o Estado também volta a desaparecer tão logo a sociedade tenha chegado a um estágio não atingido até então.[71]

Da crítica à instituição política, Marx passou à crítica às condições humanas nas circunstâncias historicamente dadas. Para Marx, a formação da sociedade civilizada, com a consequente transição de um regime de propriedade comum a um regime de propriedade individual, gera "uma individualidade ainda unilateral"[72]. Se a "verdadeira natureza 'do Estado' se mostra apenas quando" se analisa "o conteúdo, [ou seja,] os interesses 'do Estado'", isso evidencia que esses interesses "são comuns a certos grupos sociais, [são] interesses de classe". Para Marx, trata-se de um "Estado que pressupõe 'as classes'". Portanto, a individualidade

---

[68] Ver ibidem, p. 19.
[69] Nessa obra, Marx analisou a "oposição" entre "sociedade civil" e "Estado"; este não se encontra "dentro" da sociedade, mas, sim, "acima dela e contra ela". "Na democracia o Estado, como particular, é *apenas* particular, como universal é o universal real, ou seja, não é uma determinidade em contraste com os outros conteúdos. Os franceses modernos concluíram, daí, que na verdadeira democracia o *Estado político desaparece*. O que está correto, considerando-se que o Estado político, como constituição, deixa de valer pelo todo." Karl Marx, *Crítica da filosofia do direito de Hegel* (trad. Rubens Enderle e Leonardo de Deus, São Paulo, Boitempo, 2005), p. 57.
[70] Trinta anos mais tarde, o foco da crítica estava mais nítido: "No mesmo passo em que o progresso da moderna indústria desenvolvia, ampliava e intensificava o antagonismo de classe entre o capital e o trabalho, o poder do Estado foi assumindo cada vez mais o caráter de poder nacional do capital sobre o trabalho, de uma força pública organizada para a escravização social, de uma máquina do despotismo de classe". Idem, *A guerra civil na França* (trad. Rubens Enderle, São Paulo, Boitempo, 2011), p. 55.
[71] Lawrence Krader (org.), *The Ethnological Notebooks of Karl Marx*, cit., p. 329.
[72] Ibidem. Ver também Lawrence Krader, "Introduction", cit., p. 59.

que existe nesse tipo de sociedade "é uma individualidade de classe", a qual, em última instância, "está assentada em pressupostos econômicos"[73].

Nos *Cadernos etnológicos*, Marx também desenvolveu uma série de observações acerca da linguagem crivada de definições discriminatórias e conotações racistas que predominava nos relatórios por ele estudados[74]. Sua recusa em relação a essa ideologia foi categórica, e cáusticos foram seus comentários nos confrontos dos autores que se expressavam desse modo. Quando, por exemplo, Maine emprega epítetos discriminatórios, Marx comenta: "Ainda esse despautério!". Recorrentes, além disso, são expressões do tipo: "Que vá para o diabo que o carregue esse jargão 'ariano'!".

Por fim, em *Java, ou como administrar uma colônia*, de Money, e *A aldeia ariana na Índia e no Ceilão*, de Phear, Marx estudou os efeitos negativos da presença europeia na Ásia. Quanto ao primeiro texto, não lhe interessaram em nada as opiniões do autor sobre a política colonial, mas achou úteis as informações detalhadas acerca do comércio[75]. Foi semelhante sua abordagem da obra de Phear, privilegiando os dados que o autor dava sobre o Estado de Bengala, na Índia, e ignorando suas frágeis construções teóricas.

Todos os autores lidos e resumidos por Marx nos *Cadernos etnológicos* haviam sido influenciados – com nuances distintas – pela teoria evolucionista que imperava à época, e alguns deles eram também defensores convictos da superioridade da civilização burguesa. Um estudo dos *Cadernos etnológicos* mostra claramente que Marx não sofreu nenhuma influência dessas asserções ideológicas.

As teorias do progresso, hegemônicas no século XIX, muito difundidas também entre antropólogos e etnólogos, postulavam que o curso dos acontecimentos seguia uma trajetória já dada e determinada por fatores externos à ação humana,

---

[73] Lawrence Krader (org.), *The Ethnological Notebooks of Karl Marx*, cit., p. 329.
[74] Ver idem, "Introduction", cit., p. 37, e Christine Ward Gailey, "Community, State, and Questions of Social Evolution in Karl Marx's *Ethnological Notebooks*", em Jacqueline Solway (org.), *The Politics of Egalitarianism* (Nova York/Oxford, Berghahn Books, 2006), p. 36.
[75] Ver Fritjof Tichelman, "Marx and Indonesia: Preliminary Notes", *Schriften aus dem Karl-Marx-Haus*, v. 30, *Marx on Indonesia and India*, Tréveris, Karl-Marx-Haus, 1983, p. 18. Ver também as considerações de Engels sobre Money: "Seria bom se alguém quisesse dar-se o trabalho de esclarecer a proliferação do socialismo de Estado, baseando-se, para tanto, num exemplo que se encontra em plena prática em Java. O material inteiro se encontra em *Java, ou como administrar uma colônia* [...]. Ali se vê como os holandeses haviam organizado a produção estatal sobre a base do antigo comunismo das comunidades e, com isso, assegurado a essa população uma existência que, segundo eles, é plenamente confortável. Resultado: mantém-se o povo no nível da estupidez e recolhem-se 70 milhões de marcos por ano [...] no Tesouro do Estado holandês". "Friedrich Engels to Karl Kautsky", 16 de fevereiro de 1884, em MECW, v. 47, p. 102-3.

que avançava em estágios sucessivos e rigidamente concatenados e que tinha o mundo capitalista como meta única e uniforme.

No intervalo de poucos anos, no âmbito da Segunda Internacional, também entre as fileiras do movimento operário veio a tomar corpo a crença ingênua no avanço espontâneo da história. A única diferença com relação à versão burguesa foi a previsão de uma última etapa, que se seguiria ao "colapso" do sistema capitalista, automaticamente destinado a ser superado: o advento do socialismo (em seguida definido como "marxista"!)[76].

Essa análise, além de epistemologicamente equivocada, produziu um surto de passividade fatalista, que acabou por conferir estabilidade à ordem existente e enfraquecer a ação social e política do proletariado.

A essa concepção, que muitos consideravam "científica" e que era comum à visão burguesa já existente e à visão que começava a emergir no fronte socialista, Marx soube opor-se: sem ceder ao canto da sereia que anunciava o curso unívoco da história, conservou sua abordagem característica – complexa, flexível e multiforme.

Embora pudesse parecer um autor incerto e hesitante[77] se comparado a tantos oráculos darwinistas, Marx soube, ao contrário deles, escapar da armadilha do determinismo econômico, na qual caíram diversos de seus seguidores e seus pretensos continuadores – uma posição muito distante da teoria em que esses autores afirmavam se inspirar e que acabaria por constituir uma das piores caracterizações do "marxismo".

Nos manuscritos, nos cadernos de anotações, na correspondência endereçada a companheiros e militantes com os quais mantinha contato, assim como nas intervenções públicas – bastante raras, devido aos inúmeros dramas familiares e ao declínio das forças físicas –, Marx continuou sua pesquisa para reconstruir a história complexa da passagem das formas das sociedades antigas à forma capitalista.

Das pesquisas efetuadas sobre os textos de antropologia que leu e sintetizou, Marx extraiu a confirmação de que o progresso humano transcorrera mais rapidamente nas épocas em que se haviam ampliado as fontes de subsistência, a começar pelo nascimento da agricultura. Absorveu as informações históricas e os dados coligidos, mas não comungou os rígidos esquemas sobre a sucessão inelutável de estágios determinados da história humana.

Rejeitou as rígidas representações que ligavam as mudanças sociais unicamente às transformações econômicas. Defendeu, em vez disso, a especificidade das

---

[76] Ver Marcello Musto, "A redescoberta de Karl Marx", *Margem Esquerda*, São Paulo, Boitempo, n. 13, 2009, p. 53-4.
[77] Ver Alessandro Casiccia, "La concezione materialista della società antica e della società primitiva", em Lewis Henry Morgan, *La società antica* (Milão, Feltrinelli, 1970), p. xvii.

condições históricas, as múltiplas possibilidades que o curso do tempo oferecia e a centralidade da intervenção humana para modificar a realidade e efetuar a mudança[78]. Foram essas as características salientes da elaboração teórica do último Marx.

Paralelamente ao estudo da antropologia, na primeira metade de 1881, Marx voltou a ocupar-se da matemática, disciplina com a qual se defrontara em diversas ocasiões.

No início de 1858, ele relatou a Engels ter cometido tantos erros de cálculo durante a redação dos *Grundrisse* que, "por desespero, tinha voltado a estudar álgebra". Ao amigo, confessara: "Nunca me senti em casa com a aritmética", mas "com a ajuda da álgebra conseguirei pôr as coisas em ordem"[79]. Inicialmente, portanto, o interesse de Marx pela ciência dos números foi instrumental aos estudos de economia política e aos problemas teóricos que estes apresentavam, pois ele compreendera que, para resolvê-los, era urgente realizar pesquisas específicas.

Porém, assim que essas pesquisas tiveram início, a relação de Marx com a matemática sofreu uma mudança profunda. Além de ser útil para *O capital*, essa ciência tornou-se fonte de interesse cultural em si mesma, assumindo um caráter muito especial no âmbito de suas atividades intelectuais.

Já no fim de 1860, enquanto sua mulher lutava contra a varíola e as filhas estavam fora de casa devido ao risco de contágio, Marx, que tivera de se transformar numa espécie de enfermeiro, relatara a Engels que, dadas as circunstâncias, "escrever artigos [para o *New-York Tribune* estava] quase fora de discussão. A única ocupação com a qual po[dia] conservar a tranquilidade de ânimo [era] a matemática"[80]. Ele manteria esse hábito até o fim de seus dias.

Na correspondência com o amigo, que à época vivia em Manchester, referiu-se diversas vezes ao prazer que a matemática lhe proporcionava. Na primavera de 1865, contou a Engels que, durante os intervalos da redação de *O capital* – para cuja finalização se esfalfava "como uma mula, [...] aproveit[ando] o tempo em que [se] sent[ia] disposto a trabalhar – uma vez que os furúnculos [continuavam] lá [...], mas não afetavam a caixa craniana –, fa[zia] cálculos diferenciais dx/dy". "Qualquer outro tipo de leitura empurra-me sempre de volta à escrivaninha."[81]

No decurso da década de 1870[82], Marx continuou na mesma via. A partir do fim dessa década, porém, dedicou-se à matemática de modo mais sistemático,

---

[78] Ver Christine Ward Gailey, "Community, State, and Questions of Social Evolution in Karl Marx's *Ethnological Notebooks*", cit., p. 35 e 44.
[79] "Karl Marx to Friedrich Engels", 11 de janeiro de 1858, em MECW, v. 40, p. 244.
[80] "Karl Marx to Friedrich Engels", 23 de novembro de 1860, em MECW, v. 41, p. 216.
[81] "Karl Marx to Friedrich Engels", 20 de maio de 1865, em MECW, v. 42, p. 159.
[82] Mais tarde, Engels mencionaria uma interrupção de alguns anos na redação de *O capital*: "Após 1870 sobreveio uma nova pausa, devida principalmente ao estado de saúde de Marx, que

escrevendo algumas centenas de páginas que, mais tarde, viriam a ser chamadas de *Manuscritos matemáticos*[83].

Em 1881, por fim, ele concentrou sua atenção nas teorias matemáticas de Isaac Newton (1643-1727) e de Leibniz, que, entre os séculos XVII e XVIII (o primeiro na Inglaterra, e o segundo na Alemanha), haviam inventado, independentemente um do outro[84], o cálculo diferencial e o cálculo integral, as duas partes que compõem o cálculo infinitesimal.

Em seguida a esses novos estudos, Marx elaborou dois breves manuscritos – intitulados *Sobre o conceito de função derivada* e *Sobre o diferencial* –, nos quais apresentou a exposição sistemática de suas ideias, sua interpretação do cálculo diferencial, ilustrando o método descoberto[85]. Os dois trabalhos foram dedicados a Engels, a quem foram enviados para avaliação tão logo concluídos.

Os estudos de Marx sobre a história do cálculo diferencial, a começar por suas origens, foram acompanhados da elaboração de diversas anotações e esboços preliminares[86], que tinham como objetivo preciso uma crítica dos fundamentos do cálculo infinitesimal, negando a existência de uma matemática primária em relação aos diferenciais dx e dy[87]. No decorrer dessas pesquisas, ele contestou, antes de mais nada, a fundamentação "mística" do cálculo diferencial desenvolvido por Newton e Leibniz, porquanto nenhum deles fornecera qualquer explanação

---

como de costume, ocupou esse tempo com estudos: agronomia, os regimes rurais americano e, principalmente, russo, o mercado monetário e o sistema bancário e, por último, as ciências naturais, a geologia e a fisiologia, sobretudo certos trabalhos matemáticos realizados por conta própria, formam o conteúdo dos numerosos cadernos de excertos dessa época". Karl Marx, *O capital: crítica da economia política*, Livro II: *O processo de circulação do capital* (trad. Rubens Enderle, São Paulo, Boitempo, 2014), p. 81-2.

[83] Ver Sofya Yanovskaya, "Preface to the 1968 Russian Edition", em Karl Marx, *Mathematical Manuscripts* (Londres, New Park, 1983), p. ix.

[84] Houve acalorada contenda entre Newton e Leibniz, com acusações mútuas de plágio e disputas sobre a primazia da invenção. Ver Alfred Rupert Hall, *Philosophers at War* (Cambridge, Cambridge University Press, 1980), p. 234.

[85] "Marx expõe sua concepção da diferenciação algébrica e do algoritmo correspondente para encontrar a derivada de determinadas classes de funções." Augusto Ponzio, "Introduzione. I manoscritti matematici di Marx", em Karl Marx, *Manoscritti matematici* (Milão, Spirali, 2005), p. 7.

[86] Karl Marx, *Mathematical Manuscripts*, cit, p. 35-106.

[87] Ver Lucio Lombardo Radice, "Dai 'manoscritti matematici' di K. Marx", *Critica Marxista*, 1972, n. 6, p. 273. Em seus manuscritos, Marx designou "algébrica" toda expressão que não contivesse símbolos derivados ou diferenciais e "simbólicas" as expressões que contivessem as figuras próprias ao cálculo diferencial, tais como dx e dy. Ver Augusto Ponzio, "Introduzione", cit., p. 26.

formal acerca do modo como ele havia sido realizado. Marx os criticou por terem introduzido algo sem apresentar sua definição[88].

Esse aspecto negativo já fora apontado por outros grandes matemáticos, como Jean d'Alembert (1717-1783) e Joseph-Louis Lagrange (1736-1813), cujas teses Marx estudou com grande interesse. Nenhum deles, no entanto – o primeiro pelo método racionalista e a introdução da noção de limite; o segundo pelo método puramente algébrico e pelo conceito de função derivada –, havia logrado resolver a questão evidenciada por Marx, que, ao fim de seus aprofundamentos, insatisfeito, decidiu prosseguir com suas pesquisas, na tentativa de atribuir ao cálculo diferencial um estatuto formal e rigoroso, sobre bases conceituais, não "místicas".

No entanto, Marx desconhecia os novos estudos sobre a matéria. Seus conhecimentos da literatura matemática estavam restritos às descobertas do início do século XIX. Não chegou a atualizar-se sobre as soluções encontradas por dois matemáticos de seu tempo: Augustin Louis Cauchy (1789-1857) e Karl Weierstrass (1815-1897)[89], o que provavelmente lhe teria permitido avançar no objetivo a que se havia proposto.

Quanto à leitura dos *Manuscritos matemáticos* por Engels, é sabido que, em agosto de 1881, ele "finalmente [tomou] coragem e [deu] início a seu estudo". Parabenizou Marx de imediato, afirmando que "enfim se tornava claro aquilo que muitos matemáticos sustentavam havia tempos, porém sem conseguir encontrar uma justificação racional, a saber, que o quociente diferencial constitui o elemento originário, ao passo que os diferenciais dx e dy são derivados". Engels ficou tão envolvido com esse estudo que comentou com o amigo: "O assunto me dominou a tal ponto que não só minha cabeça gira em torno disso o dia inteiro, como, na noite passada, sonhei que dava a um sujeito os botões de minha camisa para que ele as diferenciasse, e ele dava no pé"[90].

As discussões sobre o tema entre Marx, Engels e o amigo comum Samuel Moore (1838-1911) prosseguiram até o fim do ano seguinte. Em novembro de 1882, Marx ainda estava convencido de poder "concluir todo [o] desenvolvimento histórico da análise, sustentando que, na prática, nada de essencial [mudara] na aplicação geométrica do cálculo diferencial, ou seja, na simbolização geométrica"[91].

---

[88] Em defesa de Newton e Leibniz, deve-se mencionar que seu método de cálculo – com conteúdos e perspectivas distintas – fora criado apenas como expediente algébrico para resolver alguns problemas geométricos. Não tinham se preocupado em explicar seus fundamentos, que permaneceram misteriosos e indefinidos.

[89] Além disso, deve-se acrescentar que hoje seria considerada ingênua a crença de Marx de que o simbolismo matemático deveria traduzir fielmente os processos concretos do mundo real.

[90] "Friedrich Engels to Karl Marx", 18 de agosto de 1881, em MECW, v. 46, p. 131-2.

[91] "Karl Marx to Friedrich Engels", 22 de novembro de 1882, em MECW, v. 46, p. 380.

Todavia, diferentemente do que desejara, nenhuma "futura ocasião" lhe seria dada para prosseguir as pesquisas na biblioteca do Museu Britânico e preparar "uma discussão particularizada dos diversos métodos".

Nessa fase da vida de Marx, o interesse pelo cálculo diferencial não deve ser relacionado com a preparação do Livro III de *O capital*. Marx interessou-se sobretudo por matemática pura, não por sua aplicação à economia, como ocorrera no início dos anos 1870, quando se empenhara em "definir [...] matematicamente", com base nas flutuações de preços, "as leis principais das crises"[92]. Tampouco tinha a intenção, ao contrário do que afirmaram alguns estudiosos desses manuscritos[93], de redigir um escrito de matemática propriamente dito.

Os *Manuscritos matemáticos* revelam, entretanto, a peculiaridade da relação de Marx com essa ciência. Antes de mais nada, ela representou um estímulo intelectual útil à sua busca de um método de análise social, particularmente no que diz respeito à dialética e à representação da "totalidade". A matemática, por fim, tornou-se quase um lugar físico para Marx; às vezes um espaço lúdico, mas, acima de tudo, um refúgio em momentos de grande dificuldade pessoal.

3. Cidadão do mundo

Apesar de totalmente absorvido pelos estudos teoricamente mais exigentes, Marx jamais deixou de se interessar pelos principais acontecimentos econômicos e de política internacional de sua época.

Ele era, de fato, um leitor assíduo dos maiores jornais "burgueses"; além disso, recebia e folheava regularmente a imprensa operária alemã e francesa. Seus dias se iniciavam sempre com os diários. Seu olhar curioso e ávido de notícias percorria as páginas com atenção e detinha-se nos principais acontecimentos internacionais, para se manter sempre informado.

Em paralelo a essas leituras, a correspondência com dirigentes políticos e intelectuais de diversos países representava, muitas vezes, mais uma fonte para adquirir informações, angariar novos estímulos e aprofundar os mais diversos temas.

A questão que lhe foi formulada no início de 1881 por Ferdinand Nieuwenhuis (1846-1919), o maior expoente da Liga Social-Democrata – principal força política socialista da Holanda na época –, constituiu, por exemplo, uma ocasião para esclarecer, uma vez mais, sua visão sobre o processo de transição para o comunismo.

---

[92] "Karl Marx to Friedrich Engels", 31 de maio de 1873, em MECW, v. 44, p. 504.
[93] Ver Alain Alcouffe, "Introduction", em idem (org.), *Les Manuscrits mathématiques de Marx* (Paris, Economica, 1985), p. 20 e seg.

Em vista de um congresso socialista de 1881, convocado com a ambição de reunificar os maiores partidos políticos do proletariado europeu numa nova Internacional[94], Nieuwenhuis recorreu a Marx para resolver um problema que ele julgava fundamental. Perguntou-lhe quais eram as medidas legislativas, de caráter político e econômico, que um governo revolucionário deveria adotar, após a tomada do poder, a fim de garantir a implementação do socialismo.

Também nessa ocasião, em continuidade com o passado, Marx se declarou totalmente contrário a responder com uma fórmula geral. Perguntas como essa, de fato, eram por ele consideradas "tolice", porquanto "o que se deverá fazer, e fazer de imediato, em determinado momento futuro, dependerá inteiramente das condições históricas reais em que se terá de agir"[95]. Para Marx, portanto, formular essa questão "em abstrato" representava "um falso problema, ao qual só é possível responder com a crítica dessa própria questão".

Por essa razão, a resposta a Nieuwenhuis foi peremptória, sendo impossível "resolver uma equação que não contenha em seus termos os elementos da solução". Além disso, declarou-se seguro de que

> um governo socialista não assume a liderança de um país sem que as circunstâncias tenham chegado ao ponto em que esse governo possa, antes de mais nada, tomar as medidas capazes de intimidar a massa dos burgueses e, com isso, conquistar o primeiro objetivo: tempo para a ação eficaz.[96]

Nessas considerações, fica evidente que, para Marx, a instauração de um sistema socialista de produção e consumo constituía um processo longo e complexo, não realizável, decerto, com a simples conquista da sede física do poder. Ele afirmou, de fato, que não havia nada de "especificamente 'socialista' nas difíceis decisões de um governo nascido de improviso, em decorrência de uma vitória popular". Claro que a Comuna de Paris – única experiência revolucionária concreta que chegou ao governo – não poderia ser considerada um modelo de referência. Ela representara um caso muito particular, "a sublevação de uma única cidade, em condições excepcionais" e, além do mais, sob a liderança política de uma maioria que "não era de modo algum socialista, nem poderia ter sido"[97].

---

[94] Originalmente programado para ocorrer em Zurique, o congresso acabou transferido para a pequena cidade de Chur, devido a uma proibição policial.
[95] "Karl Marx to Ferdinand Domela Nieuwenhuis", 22 de fevereiro de 1881, em MECW, v. 46, p. 66.
[96] Idem.
[97] Idem.

Ao comparar a posição da classe operária de sua época com aquela da burguesia nascente anterior à queda do Antigo Regime, Marx afirma que o fronte proletário não estava atrasado.

> As reivindicações gerais da burguesia francesa antes de 1789 eram, *mutatis mutandis*, tão bem definidas quanto as atuais (e discretamente uniformes) reivindicações mais imediatas do proletariado em todos países com produção capitalista. Mas poderia algum francês do século XVIII ter, *a priori*, uma mínima ideia do modo como as demandas da burguesia francesa seriam implementadas?[98]

De modo mais geral, Marx jamais abandonou a convicção de que

> a previsão doutrinária e necessariamente fantasiosa do programa de ação de uma revolução futura serve apenas para desviar o foco da luta presente. O sonho do iminente fim do mundo inspirou a luta dos primeiros cristãos contra o império romano e insuflou-lhes a confiança na vitória. A visão científica da inevitável desagregação da ordem social dominante, que se produz continuamente diante de nossos olhos; as próprias massas, com sua fúria que cresce sob as vergastadas dos velhos fantasmas no governo; e, ao mesmo tempo, o desenvolvimento gigantesco e indiscutível dos meios de produção: tudo isso bastará para garantir que, no momento da irrupção de uma verdadeira revolução proletária, estarão presentes também as condições de seu primeiro (embora certamente não idílico) *modus operandi*.[99]

Por fim, também manifestou sua opinião sobre o iminente congresso socialista, do qual Nieuwenhuis lhe falara, e não escondeu seu ceticismo acerca da possibilidade de realizar imediatamente uma nova organização transnacional, segundo o modelo daquela que ele coordenara por quase uma década.

> Estou convencido de que ainda não se produziu a conjuntura crítica para uma nova associação internacional dos trabalhadores. Considero, pois, não só inúteis, mas também danosos, todos os congressos operários e/ou socialistas que não façam referência às condições imediatas e reais desta ou daquela nação específica. Eles acabariam, infalivelmente, por repisar as costumeiras banalidades genéricas.[100]

Alguns correspondentes de Marx também chamaram sua atenção para outro argumento muito comentado à época: o grande sucesso obtido pela obra *Progress*

---

[98] Ibidem, p. 66-7.
[99] Ibidem, p. 67.
[100] Idem.

and Poverty [Progresso e pobreza], publicada em 1879 pelo economista norte-americano Henry George (1839-1897).

Nesse texto, que depois foi traduzido em muitas línguas e teve milhões de exemplares vendidos, George apresentou uma proposta que o tornara famoso: a de instituir uma taxa única sobre o valor fundiário, em substituição a todos os outros impostos existentes:

> Já tomamos uma parte da renda mediante os impostos. Resta apenas fazer algumas modificações em nossos modos de tributação para tomá-la em sua totalidade. Portanto, o que proponho [...] é a apropriação da renda mediante o imposto. [...] Na forma, a propriedade da terra permaneceria tal como é agora. Não há necessidade de expropriar nenhum proprietário nem de estabelecer limites à extensão de terra que uma pessoa pode possuir. Com a apropriação da renda pelo Estado por meio do imposto, a terra – não importando sua denominação nem seu modo de divisão – seria realmente propriedade comum, e todo membro da comunidade participaria de seus benefícios. [...] Ora, como o imposto de renda ou seus valores fundiários deve necessariamente ser aumentado em razão dos outros impostos que prefiguramos, podemos dar forma prática à proposta, estabelecendo a abolição de todos os impostos, exceto o imposto sobre os valores fundiários.[101]

Quando instado pelo revolucionário alemão emigrado Friedrich Sorge (1828-1906), por John Swinton e pelo socialista norte-americano Willard Brown (?)[102] a dar sua opinião sobre essa proposta de resolução do paradoxo da coexistência de progresso e pobreza, Marx sentiu-se obrigado a responder.

Sua "breve apreciação do livro" foi, como ocorria com frequência, desdenhosa. Marx reconheceu que George era um "escritor de talento" e afirmou que os elogios recebidos pelo livro nos Estados Unidos deviam-se, na maioria, ao fato de que representava "uma primeira tentativa, ainda que fada ao insucesso, de emancipar-se da economia política ortodoxa". No entanto, feitas essas duas pequenas concessões, Marx arremeteu contra as visões do economista de além-mar: "Como teórico, esse homem está totalmente atrasado". A seu juízo, ele "não compreende[ra] nada da natureza do mais-valor" e perdia-se em especulações sobre seus componentes "autonomizados, [ou seja,] sobre a relação entre lucro, renda fundiária e juro".

---

[101] Henry George, *Progress and Poverty* (Nova York, Robert Schalkenbach Foundation, 2006), p. 224-5.

[102] O ponto de interrogação entre parênteses, doravante, indica que a data de nascimento e a de morte não são conhecidas.

Marx não só contestou radicalmente a "tese fundamental"[103] da obra de George, como negou-lhe originalidade. Os mesmos Marx e Engels, na juventude, haviam incluído no *Manifesto do Partido Comunista* "expropriação da propriedade fundiária e emprego da renda da terra para as despesas do Estado"[104] entre as dez medidas a ser tomadas, nos países economicamente mais desenvolvidos, após a conquista do poder pela classe operária.

Marx recordou a Swinton que "já os mais velhos discípulos de Ricardo, os radicais, imaginavam que, com a apropriação da renda fundiária pelo Estado, tudo estaria resolvido"[105]. Marx criticava essa postura desde 1847, quando, em *Miséria da filosofia*, afirmara que se "economistas como Mill, Cherbuliez, Hilditch e outros [haviam] reclamado a atribuição da renda ao Estado, para servir à quitação dos impostos", era para, com isso, manifestarem "a franca expressão do ódio que o capitalista industrial vota ao proprietário fundiário, que lhe parece uma inutilidade, algo supérfluo no conjunto da produção burguesa"[106]. Decerto, não o bastante para alterar as desigualdades existentes na sociedade da época.

Em sua réplica a Sorge, Marx mencionou casos de outros autores que, no passado, haviam proposto receitas similares. Entre eles, estava o francês Jean-Hyppolite Colins (1783-1859), que tentara transformar "essa aspiração dos economistas burgueses radicais da Inglaterra [numa] panaceia socialista, declarando que tal sistema teria resolvido os antagonismos inerentes ao atual modo de produção". Também o economista alemão Adolph Samter (1824-1883), discípulo de Johann Rodbertus (1805-1875) e "coletor de loteria na Prússia oriental, esticou esse 'socialismo' ao máximo, para com ele preencher alentado

---

[103] "Karl Marx to Friedrich Sorge", 20 de junho de 1881, em MECW, v. 46, p. 99-101.

[104] Karl Marx e Friedrich Engels, *Manifesto Comunista*, cit., p. 58.

[105] "Karl Marx to John Swinton", 2 de junho de 1881, cit., p. 93. Também para Engels, a equação "Estado = socialismo" era totalmente inaceitável. Como ele escreveu a Bernstein, em março de 1881 "definir 'socialismo' como intromissões do Estado na livre-concorrência – por meio de tarifas protecionistas, corporações, monopólio do tabaco, estatizações de ramos da indústria, controle do comércio marítimo, real manufatura de porcelana – é mera falsificação promovida pela burguesia de Manchester em seu próprio interesse. Não devemos acreditar nisso, mas o criticar. Se lhe dermos crédito e em torno disso construirmos uma teoria, esta desmoronará juntamente com suas premissas [...] simplesmente com a demonstração de que esse pretenso socialismo não é mais do que, por um lado, uma reação feudal, e, por outro, um pretexto para a extorsão, com a finalidade secundária de transformar o maior número possível de proletários em funcionários e assalariados do Estado e, com isso, possibilitar a formação de um exército de operários análogo ao exército disciplinado de funcionários e militares. Sufrágio obrigatório imposto por superiores estatais, em vez de capatazes de fábrica... Que belo socialismo!". "Friedrich Engels to Eduard Bernstein", 12 de junho de 1881, em MECW, v. 46, p. 74.

[106] Karl Marx, *Miséria da filosofia: resposta à Filosofia da miséria, do sr. Proudhon* (trad. José Paulo Netto, São Paulo, Boitempo, 2017), p. 138.

volume" publicado em 1875 com o título *Social Doctrine: On the Satisfaction of Needs in Human Society* [Doutrina social: sobre a satisfação das necessidades na sociedade humana].

Para Marx, o livro de George devia ser inserido nessa corrente de pensamento. Além disso, "seu caso [...] era ainda menos justificável" que o dos outros. Como cidadão norte-americano, ele deveria ter explicado como era possível que, numa realidade como a dos Estados Unidos, "onde a terra fora relativamente acessível [...] à grande massa da população e, em certa medida, continuava sendo [...], a economia capitalista e a correspondente servidão da classe operária se [tivessem] desenvolvido de maneira mais rápida e desenfreada do que em qualquer outro país"[107].

Segundo Marx, todas essas figuras de pseudossocialistas tinham em comum a intenção de manter

> intocado o trabalho assalariado e, assim, também a produção capitalista, tentando convencer a si mesmos e ao mundo de que, com a transformação da renda fundiária em imposto pago ao Estado, desaparecerão automaticamente todas as injustiças da produção capitalista.[108]

Apesar das intenções, portanto, as teorias de George e de todos os autores que delas compartilhavam constituíam "apenas uma tentativa, disfarçada de socialismo, de salvar o regime capitalista, reedificando-o, na verdade, sobre fundações mais amplas que as atuais"[109]. Para concluir, contestou "a repugnante presunção e a arrogância" do economista norte-americano, característica que – nas palavras de Marx – "distingu[ia], de maneira inequívoca, todos os mercadores de panaceias universais"[110].

---

[107] "Karl Marx to Friedrich Sorge", 20 de junho de 1881, cit., p. 100-1.
[108] Ibidem, p. 101.
[109] Idem. Ver também o testemunho de Hyndman: "Marx analisou a questão e referiu-se a ela com um tipo de desprezo amistoso: 'a última trincheira dos capitalistas', disse". Se Hyndman insistisse no efeito positivo que o estilo jornalístico de George exercia sobre as massas, Marx "se recusava absolutamente a reconhecer a validade desse argumento e dizia que difundir falsas opiniões jamais pode ser útil ao povo: 'Não refutar afirmações falsas significa encorajar a desonestidade intelectual. Para cada dez pessoas que vão além das palavras de George, é muito fácil que uma centena acate suas palavras, e esse é um risco muito grande para que possamos corrê-lo'". Henry Hyndman, *The Record of an Adventurous Life*, cit., p. 258-9.
[110] "Karl Marx to Friedrich Sorge", 20 de junho de 1881, cit., p. 101. Os comentários de George sobre Marx também são interessantes. Após a morte de Marx, ele afirmou que, embora não tivesse lido seus escritos, sentia "profundo respeito por um homem cuja vida foi devotada à melhoria das condições sociais" (Philip S. Foner [org.], *Karl Marx Remembered: Comments at*

Também no decorrer de 1881, Marx, como sempre atento ao que ocorria no mundo, observou e comentou, com companheiros e familiares, as novidades políticas do momento. Em particular, no mês de fevereiro daquele ano, numa longa carta endereçada a Danielson, anotou algumas preciosas observações sobre a situação que se havia configurado em alguns países.

O estudo das crises econômicas, desde sempre uma de suas prioridades, e a grande depressão que atingira diversas nações desde 1873, particularmente a Inglaterra, haviam despertado a atenção do estudioso e intensificado as esperanças do militante. Ao interpretar os acontecimentos financeiros em curso no Reino Unido, disse:

> O fato de a grande crise industrial e comercial atravessada pela Inglaterra ter passado sem culminar num *crash* da Bolsa de Londres foi um fenômeno excepcional, devido unicamente ao [ingresso de] dinheiro francês.[111]

Essas considerações foram acompanhadas da descrição do quadro econômico geral. A recessão se manifestara com perceptível queda da taxa de produtividade e drástica estagnação das exportações. A Grã-Bretanha deixara de ser o motor mundial, e a "prosperidade vitoriana" das décadas precedentes ficara como lembrança do passado. Sobre isso, de modo mais detalhado, Marx observou que

> o sistema ferroviário inglês desce a mesma ladeira que o sistema da dívida pública europeia. Entre os vários administradores das sociedades ferroviárias, os magnatas mais poderosos não só estão sempre contraindo novos empréstimos para ampliar suas redes – quer dizer, o "território" sobre o qual reinam como monarcas absolutos –, como também ampliam estas últimas para terem o pretexto de contrair novos empréstimos, com os quais pagarão os juros devidos aos detentores de obrigações, ações privilegiadas etc., lançando, de vez em

---

the Time of His Death, San Francisco, Synthesis, 1983, p. 101). No ano seguinte, porém, numa carta a Hyndman, salientou que Marx "era desprovido de poder analítico e de disposição lógica de raciocínio" (Kenneth C. Wenzer [org.], *An Anthology of Henry George's Thought*, Rochester, University of Rochester Press, 1997, p. 175). Finalmente, em duas cartas dirigidas ao economista e reitor do Massachusetts Institute of Technology, Francis Walker (1840-1897), ele descreveu Marx como o "príncipe dos trapalhões" e "pensador muito superficial" (ibidem, p. 78 e 177). Roy Douglas observou que, "quando Marx morreu, em 1883, [...] devia haver dezenas de ingleses discutindo as ideias de Henry George para cada um que havia apenas ouvido falar do socialista prussiano". Roy Douglas, *Land, People and Politics: A History of the Land Question in the United Kingdom, 1878-1952* (Londres, Allison and Busby, 1976), p. 48. A coisas mudariam radicalmente em poucos anos.

[111] "Karl Marx to Nikolai Danielson", 19 de fevereiro de 1881, cit., p. 62.

quando, algumas migalhas, na forma de maiores dividendos, aos maltratados acionistas comuns. Mais cedo ou mais tarde, esse confortável modo de agir desencadeará uma terrível catástrofe.[112]

Não inferior foi o interesse que Marx demonstrou pelos acontecimentos mais importantes do outro lado do oceano. Entre eles, chamou sua atenção a ascensão financeira de Jay Gould (1836-1892), um dos maiores construtores de ferrovias dos Estados Unidos, que, por meio de gigantescas especulações, tornara-se um dos homens mais ricos – além de um dos mais inescrupulosos – de seu tempo. Não por acaso, adquirira a reputação de ser um dos piores *robber barons* [barões ladrões] de seu país[113]. Inicialmente proprietário da Erie Railroad Company, a histórica linha que operava entre Nova York e o Nordeste dos Estados Unidos, Gould assumira, em 1879, o comando das três principais redes ferroviárias do Oeste, entre as quais a Union Pacific Railroad, que operava em muitos dos estados da costa do Pacífico, e a Missouri Pacific Railroad, que transportava para leste do rio Mississipi. Com isso, ele controlava mais de 16 mil quilômetros de ferrovia, 90% do total existente em todo o país, e em 1881 lograra expandir ainda mais seu império, tornando-se também proprietário da Western Union.

Marx, sempre interessado nos desenvolvimentos da sociedade norte-americana, não pôde deixar de acompanhar a ascensão de Gould e de comentar as palavras que o magnata utilizara para defender-se dos ataques recebidos por grande parte da opinião pública:

> Nos Estados Unidos, os reis das ferrovias são alvo de ataques, desferidos não só – como já ocorria no passado – pelos agricultores e por outros empreendedores industriais do Oeste, mas também pelos maiores representantes do comércio [...]. Por sua vez, Gould, aquele polvo, rei das ferrovias e escroque financeiro, respondeu assim aos magnatas do comércio de Nova York: neste momento, vocês atacam as ferrovias porque as consideram mais vulneráveis, dada sua atual impopularidade. No entanto, prestem atenção: depois das ferrovias, será a vez de todo tipo de *corporation* (que, no léxico *yankee*, significa sociedade por ações); logo, de todas as formas de capital associado; por fim, do capital *tout court*. Desse modo, estão pavimentando a estrada para o comunismo, cujas tendências se difundem cada vez mais no seio do povo.[114]

---

[112] Ibidem, p. 63.
[113] Ver Edward J. Renehan, *Dark Genius of Wall Street: The Misunderstood Life of Jay Gould, King of the Robber Barons* (Nova York, Basic Books, 2006); Maury Klein, *The Life and Legend of Jay Gould* (Baltimore, Johns Hopkins University Press, 1997), p. 393.
[114] "Karl Marx to Nikolai Danielson", 19 de fevereiro de 1881, cit., p. 63.

"O sr. Gould tem bom faro", comentou Marx[115], esperançoso de que aquela tendência pudesse realmente concretizar-se na outra margem do Atlântico.

Ainda na mesma carta a Danielson, Marx tratou dos acontecimentos políticos na Índia e, em suas reflexões, chegou a prever que o governo britânico logo se veria diante de "sérias complicações, senão mesmo de uma sublevação geral"[116]. Com o passar do tempo, a exploração se tornava cada vez mais intolerável.

> Aquilo que os ingleses captam anualmente – na forma de rendas ou dividendos por ferrovias que são inúteis aos indianos – para pagar os funcionários militares e civis, para o conflito no Afeganistão e outras guerras etc.; aquilo que captam todos os anos – sem nenhuma contrapartida e sem mencionar aquilo de que se apropriam diretamente – no interior da Índia, considerando só o valor das mercadorias que a cada ano os indianos têm de enviar gratuitamente à Inglaterra; tudo isso supera a soma total da renda dos 60 milhões de trabalhadores agrícolas e industriais da Índia! É uma sangria que pede vingança! Os anos de carestia se sucedem e em proporções até agora impensáveis na Europa! É uma verdadeira conspiração, para a qual cooperam hindus e muçulmanos; o governo britânico sabe que alguma coisa "ferve no caldeirão", mas essas cabeças ocas (refiro-me aos governantes), estupidificadas pelos próprios modos parlamentares de falar e pensar, recusam-se a ver as coisas claramente, a perceber a real dimensão do perigo iminente. Enganar os outros e, enganando os outros, enganar a si mesmos: esse é o cerne da sabedoria parlamentar. Tanto melhor.[117]

A partir dos anos 1860, Marx também dedicou constante e especial atenção à causa irlandesa. Algumas de suas reflexões sobre o tema encontram-se numa carta de 11 de abril, endereçada à filha Jenny, que havia muitos anos apoiava o movimento feniano.

A oposição de Marx à ocupação e aos terríveis abusos que esse país sofria sob o jugo inglês foi total. Em 1868, ao tomar consciência de sua nomeação como primeiro-ministro, William Gladstone (1809-1898) – definido por Marx como "ultra-hipócrita e sofista de escola ultrapassada"[118] – afirmou que sua "missão" política era "pacificar a Irlanda"[119].

---

[115] Ibidem, p. 63.
[116] Idem.
[117] Ibidem, p. 63-4.
[118] "Karl Marx to Jenny Longuet", 11 de abril de 1881, cit., p. 84.
[119] Essa famosa frase foi relatada pelo secretário de Gladstone. Ver Edgar J. Feuchtwanger, *Gladstone* (Londres, Allen Road, 1975), p. 146.

As primeiras medidas adotadas por seu governo para reorganizar o problema decisivo da propriedade da terra em favor dos camponeses frustraram as expectativas e revelaram-se um enorme fracasso. O *Landlord and Tenant (Ireland) Act*, promulgado em 1870 para modificar a legislação existente, não fez mais que piorar a situação. No fim daquela década, de fato, a Irlanda foi palco de numerosos protestos contra a terrível exploração perpetrada pelos proprietários fundiários e como sinal de revolta contra o domínio britânico.

Quando, em abril de 1881, os liberais apresentaram no parlamento o *Land Law (Ireland) Act*, a segunda série de medidas sobre a propriedade da terra, Marx voltou à carga contra o governo que, diferentemente do que afirmavam seus apoiadores, não estava realmente empenhado em limitar o arbítrio dos proprietários fundiários ingleses em relação aos arrendatários. À filha Jenny Longuet, ele escreveu que, na realidade, "com suas vergonhosas medidas preliminares, inclusive a abolição da liberdade de palavra dos membros da Câmara dos Comuns", o primeiro-ministro não fizera mais que "preparar as condições para os atuais despejos em massa na Irlanda"[120]. Para Marx, as reformas propostas pelo governo eram "apenas um jogo de cena, uma vez que os lordes, que obtêm de Gladstone tudo o que desejam e já não têm o que temer da Liga Agrária[121], certamente as rejeitarão ou emendarão de tal maneira que os próprios irlandeses acabarão votando contra elas"[122]. Marx equivocou-se, porque as medidas foram aprovadas pelo parlamento inglês; no entanto, estava certo ao prever que elas não resolveriam os problemas da Irlanda. Em seguida à nova legislação, apenas algumas centenas de camponeses puderam adquirir terra e, poucos anos depois, as agitações voltaram a eclodir.

Em outra carta a Jenny, enviada cerca de quinze dias após a precedente, Marx voltou ao assunto, afirmando que a jogada de Gladstone fora muito astuta. Com

---

[120] "Karl Marx to Jenny Longuet", 11 de abril de 1881, cit., p. 84.
[121] Fundada em 1879, a Irish National Land League [Liga Agrária Nacional Irlandesa] era uma organização política que defendia os interesses dos fazendeiros irlandeses.
[122] "Karl Marx to Jenny Longuet", 11 de abril de 1881, cit., p. 84. Sobre a reação de Marx, ver também o relato de Hyndman de um dos encontros que os dois tiveram na época: "A certa altura, começou a falar, com feroz indignação, da política do Partido Liberal, especialmente em relação à questão irlandesa: os olhos pequenos e fundos do velho combatente faiscavam, as bastas sobrancelhas se contraíam, o nariz largo e a face vigorosa tremiam visivelmente de emoção, enquanto da boca saía uma torrente de acusaçõe violentas" (Henry Hyndman, *The Record of an Adventurous Life*, cit., p. 247). Sobre as políticas de Gladstone em 1880-1881, ver Richard Shannon, *Gladstone, v. 2: 1865-1898* (Chapel Hill, The University of North Carolina Press, 1999), p. 248-78. Sobre suas posições acerca da Irlanda, ver Henry Colin Gray Matthew, *Gladstone: 1875-1898* (Londres, Clarendon, 1995), p. 183-210, e James Camlin Beckett, *The Making of Modern Ireland 1603-1923* (Londres/Boston, Faber and Faber, 1981), p. 389-94.

a nova reforma, de fato, "num momento em que, devido à importação de gado e de cereais dos Estados Unidos, a propriedade fundiária na Irlanda (como na Inglaterra) começa[va] a desvalorizar-se", ele dera aos grandes proprietários de terra a "possibilidade de vender [sua] propriedade ao Tesouro público por um preço que elas já não valiam"[123].

Marx convidou Jenny a mostrar ao marido, Charles Longuet, o discurso proferido em Cork por Charles Parnell (1846-1891), principal expoente do partido parlamentar irlandês, e acrescentou, aprovando-o: "Ali ele encontrará a substância daquilo que precisa ser dito acerca do novo *Land Act*"[124]. Para Marx, em conclusão,

> o problema agrário irlandês apresenta[va] complicações reais – na verdade, não específicas da Irlanda –, de dimensões tais que o único modo de resolvê-lo seria conceder o autogoverno aos irlandeses e, com isso, forçá-los a encontrar uma solução por si próprios. Mas John Bull é estúpido demais para entender isso.[125]

Em geral, não se pode dizer que Marx estava entusiasmado por viver sob a monarquia inglesa. À morte de Benjamin Disraeli (1804-1881), duas vezes primeiro-ministro e por muitos anos líder do Partido Conservador, ocorrida em 19 de abril, seguiu-se uma campanha de "exaltação" do personagem. Para Marx, esse fato pareceu ser a "última extravagância londrina", que "dera a John Bull [Grã-Bretanha] a satisfação de admirar sua própria magnanimidade". Na verdade, na última fase de seu governo, Disraeli não havia feito mais do que colecionar fracassos: na política externa, a segunda guerra anglo-afegã e o sangrento conflito na África do Sul, conhecido como a guerra anglo-zulu; na economia, o colapso da produção agrícola e industrial. Foram essas as razões da severa derrota de Disraeli nas eleições de 1880.

Refletindo sobre o retorno da popularidade de Disraeli, Marx comentou: "Por acaso não é 'grandioso' reverenciar um morto que, pouco antes de bater as botas, você saudou com maçãs e ovos podres?". A missiva terminava com a afirmação irônica de que tudo aquilo ensinava "às classes inferiores" que, por mais que seus "superiores naturais" briguem em vida por "posição social e dinheiro", a morte acabará por revelar a verdade, ou seja, que os líderes das "classes dominantes" são sempre "homens magnânimos e bons"[126].

---

[123] "Karl Marx to Jenny Longuet", 29 de abril de 1881, cit., p. 90.
[124] "Karl Marx to Jenny Longuet", 11 de abril de 1881, cit., p. 84.
[125] Ibidem, p. 90. Nos últimos anos de vida, Marx frequentemente utilizou a expressão John Bull como personificação da Grã-Bretanha.
[126] Idem.

Além disso, ele também detestava o clima da Inglaterra. Em 6 de junho, numa carta à filha Jenny, referiu-se irritado ao "frio infernal" que se sucedera por dois dias, coincidindo com o protesto que os irlandeses haviam organizado em Londres. Marx, em tom de deboche, comentou que aquela tinha sido "uma das brincadeiras de mau gosto que o pai celeste tem sempre guardadas para aplicar a seu rebanho plebeu londrino. Ontem, com a chuva, conseguiu estragar a manifestação de Parnell no Hyde Park"[127].

Marx, é claro, não poderia ter descuidado dos dois principais países do continente: Alemanha e França. Destes, ele continuou a se ocupar, como já fizera no passado, sempre que lhe foi possível, encontrando-se com dirigentes das forças de esquerda empenhados na luta política, autores de livros que difundiam as teorias socialistas e muitos outros que escreviam em jornais e revistas em apoio à causa do proletariado.

Ao longo dos mais de trinta anos de seu exílio em Londres, assim como nas poucas viagens que pôde realizar, Marx conheceu centenas de militantes e intelectuais apoiadores da causa da classe trabalhadora. Entre estes, acolheu sempre com especial prazer os ativistas mais jovens, porque, como costumava dizer: "Tenho de formar os homens que, depois de mim, possam dar continuidade à propaganda comunista"[128].

No mesmo ano de 1881, Marx também conheceu Kautsky, que, porém, lhe causou uma impressão nada positiva. Sobre ele, escreveu que, embora fosse "a seu modo uma pessoa correta", era, essencialmente, "uma mediocridade. Tem visões limitadas, é pedante (e tem só 26 anos), sabe-tudo; em certa medida, é esforçado, muito preso às estatísticas, das quais, no entanto, não extrai muita coisa. Pertence, por natureza, à estirpe dos filisteus". Por isso, como confidenciou sarcasticamente à filha Jenny, Marx decidiu "empurrá-lo o máximo possível para o *amigo* Engels", acrescentando que este começara a julgá-lo "com muito mais indulgência" depois de ter descoberto que Kautsky tinha "grande talento para beber"[129].

---

[127] "Karl Marx to Jenny Longuet", 6 de junho de 1881, cit., p. 95.
[128] Paul Lafargue, em Instituto do Marxismo-Leninismo (org.), *Reminiscences of Marx and Engels*, cit., p. 72.
[129] "Karl Marx to Jenny Longuet", 11 de abril de 1881, cit., p. 81-2. Na verdade, Engels não tinha todo esse entusiasmo por Kautsky; preferia outro jovem intelectual do partido alemão, Eduard Bernstein. Como relatou a August Bebel – líder socialista alemão, muito estimado tanto por ele como por Marx –, Bernstein "tem verdadeiro tato e apreende as coisas no ar; o exato oposto de Kautsky, que é um sujeito honesto, porém pedante, um sofismador nato, em cujas mãos não são as questões complicadas que se tornam simples, mas, ao contrário, são as simples que se tornam complicadas". De acordo com Engels, "em artigos mais longos, mais adequados para uma revista, ele poderá, de vez em quando, produzir algo realmente bom, mas nem com a maior força de vontade conseguirá dominar sua própria natureza. Esta é mais forte

Ainda no verão de 1881, Marx ocupou-se constantemente dos acontecimentos que acompanharam as eleições francesas. O primeiro-ministro Léon Gambetta (1838-1882) estava para ser nomeado presidente do Conselho, e a União Republicana, por ele liderada, estava prestes a conquistar a maioria dos assentos. Duas semanas antes da votação, ele comunicou suas previsões a Engels:

> Pode ser que a extrema esquerda venha a aumentar um pouco numericamente, mas é provável que o resultado principal seja a vitória de Gambetta. Assim estão as coisas na França: a rapidez do período eleitoral decidirá a situação em favor dos *faiseurs* [embusteiros], que têm muitos "currais" eleitorais, dos futuros distribuidores de cargos no aparelho estatal, daqueles que controlam o "caixa". Os grevistas[130] poderiam ter vencido Gambetta se, depois das últimas derrotas dele, tivessem tido força para expulsar do gabinete seus satélites Cazot, Constans e Farre. Como não o fizeram, todos os caçadores de cargos, os especuladores da Bolsa etc. dizem: "Gambetta é o homem adequado". [...] Os ataques gerais, movidos diariamente contra ele na imprensa radical e reacionária, contribuem para conferir-lhe prestígio, não obstante toda a sua inépcia. Para completar, os camponeses o consideram como o *non plus ultra* do republicanismo possível.[131]

Noutra carta, enviada a Engels durante o mês de agosto, Marx teceu comentários sobre o "estado do partido operário em Paris". Reportou que Prosper-Olivier Lissagaray (1838-1901), revolucionário e autor da *História da Comuna de Paris de 1871* (1876), considerado por Marx uma pessoa "absolutamente imparcial sobre esse assunto", lhe confidenciara que, "embora exist[isse] apenas em germe", a Federação dos Partidos dos Trabalhadores Socialistas da França (FPTSF), fundada em 1879, era "a única [força] com alguma importância diante dos partidos burgueses de todas as tendências". A organização desse partido, "apesar de ainda pouco sólida e mais ou menos fictícia, [era] disciplinada o bastante para permitir-lhe apresentar candidatos em todos os *arrondissements*, fazer-se notar nas assembleias e incomodar os membros da sociedade oficial". Marx pôde verificar tudo isso diretamente, lendo os "jornais parisienses de todas as colorações" e

---

que ele. Num jornal, um doutrinário desse tipo é um verdadeiro desastre." Foi por isso que Engels fez o que podia – e conseguiu – para persuadir Bernstein a continuar a editar o semanário *Der Sozialdemokrat*. "Friedrich Engels to August Bebel", 25 de agosto de 1881, em MECW, v. 46, p. 137.

[130] Seguidores de Jules Grévy (1807-1891), presidente da República e líder dos republicanos oportunistas.

[131] "Karl Marx to Friedrich Engels", 9 de agosto de 1881, em MECW, v. 46, p. 117.

comentando que "não [havia] ninguém que não se irrit[asse] com essa 'praga geral': o partido operário coletivista"[132].

O mundo inteiro, portanto, estava contido em seu escritório. Mesmo permanecendo sentado à escrivaninha, por meio de seu estudo das transformações sociais nos Estados Unidos, das esperanças nutridas pelo fim da opressão colonial na Índia, do apoio à causa feniana, da análise da crise econômica na Inglaterra e da atenção dedicada às eleições na França, Marx observava constantemente os sinais dos conflitos sociais que se desenvolviam em todas as latitudes do globo terrestre. Onde quer que emergissem, ele tentava acompanhá-los.

Não sem razão, é verdade, costumava dizer de si mesmo: "Sou um cidadão do mundo, e ajo onde me encontro"[133]. Seus últimos anos de vida não desmentiram esse modo de ser.

---

[132] "Karl Marx to Friedrich Engels", 18 de agosto de 1881, em MECW, v. 46, p. 133-4.
[133] Paul Lafargue, em Instituto do Marxismo-Leninismo (org.), *Reminiscences of Marx and Engels*, cit., p. 73.

II
A CONTROVÉRSIA SOBRE O DESENVOLVIMENTO DO CAPITALISMO NA RÚSSIA

1. A questão do futuro da comuna agrícola

Em seus escritos políticos, Marx sempre observou que, no cenário europeu, a Rússia representava um dos principais obstáculos à emancipação da classe trabalhadora.

Nos artigos escritos para o *New-York Tribune* e na *História diplomática secreta do século XVIII* (1856-1857), assim como nas considerações desenvolvidas em algumas cartas de sua volumosa correspondência, ele sempre reforçou sua visão de que o atraso das condições sociais, a lentidão do desenvolvimento econômico do país, o despótico regime tsarista e a política externa conservadora haviam contribuído para fazer daquele imenso império o posto avançado da contrarrevolução.

Ainda que não tenha alterado esse juízo com o decorrer do tempo, nos últimos anos de vida Marx começou a lançar um olhar diferente para a Rússia, por ter percebido, em algumas transformações que estavam a ocorrer, certas condições possíveis para uma reviravolta social de grande alcance. O contexto russo apresentava condições mais propícias para uma revolução do que as existentes na Inglaterra, onde, embora o capitalismo tivesse criado um número de operários fabris proporcionalmente maior do que o de todos os outros países, o movimento operário se havia enfraquecido, acomodando-se com algumas melhorias das condições de vida – muitas delas obtidas com base na exploração colonial – e, além disso, sofrendo o efeito negativo do reformismo dos sindicatos[1].

---

[1] A propósito, ver o que Marx e Engels escreveram no "Prefácio" à edição russa do *Manifesto do Partido Comunista*, de 1882: "Durante a revolução de 1848-1849, os príncipes e a burguesia europeus viam na intervenção russa a única maneira de escapar do proletariado que despertava. O tsar foi proclamado chefe da reação europeia. Hoje ele é, em Gatchina [castelo em que se refugiara Alexandre III depois do assassinato de seu pai], prisioneiro de guerra da revolução, e a Rússia forma a vanguarda da ação revolucionária na Europa" (Karl Marx e Friedrich Engels,

Desde o fim dos anos 1850, Marx havia acompanhado e saudado favoravelmente as revoltas camponesas ocorridas na Rússia, das quais brotara, em 1861, a reforma que acabou por abolir a servidão[2]. A partir dos anos 1870, tendo aprendido russo, ele pôde manter-se constantemente a par dos acontecimentos em curso, por meio da leitura de estatísticas, dos últimos textos mais aprofundados dedicados às transformações socioeconômicas do país[3] e, além disso, mediante sua correspondência com importantes estudiosos russos[4].

Em 1881, coincidindo com seu crescente interesse pelas formas arcaicas de organização comunitária, que o havia levado a estudar os antropólogos que lhe eram contemporâneos, e enquanto o horizonte de sua reflexão ultrapassava constantemente os limites da Europa, uma circunstância casual o estimulou a aprofundar ainda mais seus estudos sobre a Rússia.

Em fevereiro daquele ano, ele recebeu uma carta breve, porém intensa e envolvente, de Vera Zasulitch (1849-1919), militante da organização populista Repartição Negra. Escrita em francês, a carta fora enviada em 16 de fevereiro, de

---

"Prefácio à edição russa de 1882", em *Manifesto Comunista*, trad. Álvaro Pina e Ivana Jinkings, São Paulo, Boitempo, 1998, p. 73). Para uma coletânea completa dos escritos e cartas de Marx e Engels sobre a Rússia, ver Maximilien Rubel (org.), *Karl Marx-Friedrich Engels: Die russische Kommune* (Munique, Hanser, 1972).

[2] Em 1858, ele afirmou: "O movimento de emancipação da servidão da gleba na Rússia me parece muito importante, uma vez que assinala o início de uma história interna do país que poderá obstacularizar a sua tradicional política externa". Ver "Karl Marx to Friedrich Engels", 29 de abril de 1858, em MECW, v. 40, p. 310. À época, os servos constituíam cerca de 38% da população.

[3] Em 1877, reconstruindo sua trajetória, Marx afirmou que, "para poder julgar com conhecimento de causa o desenvolvimento econômico da Rússia contemporânea, [ele aprendera] a língua russa e depois [estudara] durante longos anos as publicações oficiais referentes a esse tema" ("Carta à redação da *Otechestvenye Zapiski*", em Karl Marx e Friedrich Engels, *Lutas de classes na Rússia*, trad. Nélio Schneider, São Paulo, Boitempo, 2013, p. 66). Determinante foi o contato com a obra do filósofo e revolucionário Nikolai Tchernitchevski (1828-1889), de quem Marx possuía diversos volumes em sua biblioteca; ver Karl Marx e Friedrich Engels, *Die Bibliotheken von Karl Marx und Friedrich Engels*, MEGA², v. IV/32, p. 184-7. Excertos da famosa obra de Tchernitchevski, *Crítica dos preconceitos filosóficos contra a propriedade comunal*, foram traduzidos em inglês e encontram-se em Teodor Shanin, *Late Marx and the Russian Road* (Londres, Routledge, 1984), p. 182-90. Marx realizou pesquisas tão aprofundadas sobre a Rússia, que estas se tornaram até motivo de conflito jocoso entre ele e Engels. Paul Lafargue relatou, de fato, que Engels repetia a Marx: "Queimarei com prazer as publicações sobre a situação da agricultura na Rússia, que há anos te impedem de completar *O capital*" (Paul Lafargue, "Frederick Engels", *The Social Democrat*, v. 9, n. 8, 15 ago. 1905, p. 487).

[4] Ver Henry Eaton, "Marx and the Russian", *Journal of the History of ideas*, v. 41, n. 1, 1980, p. 89, no qual são elencados cronologicamente os nomes de todos os cidadãos russos com os quais Marx se encontrou ou se correspondeu.

seu refúgio em Genebra, pois a revolucionária russa era procurada em sua pátria por um atentado contra o chefe da polícia de São Petersburgo.

Zasulitch, que nutria sentimentos de grande admiração por Marx, escrevera-lhe para saber se ele, decerto a par da "grande popularidade" que *O capital* adquirira na Rússia, estava igualmente a par da influência que a obra exercera sobre os companheiros russos nas "discussões sobre a questão agrária na Rússia e sobre a [...] comuna rural".

Prosseguindo na introdução, Zasulitch fez questão de ressaltar que Marx sem dúvida podia compreender "melhor do que ninguém" a urgência do problema que ela estava para expor – uma questão "de vida ou morte" para os militantes russos – e acrescentou que da avaliação dele poderia depender "até mesmo o destino pessoal dos [...] socialistas revolucionários".

Zasulitch sintetizou, então, os dois pontos de vista que haviam emergido das discussões:

> A comuna rural, liberada das exigências desmesuradas do fisco, dos pagamentos à nobreza e da administração arbitrária, é capaz de desenvolver-se pela via socialista, quer dizer, de organizar pouco a pouco sua produção e sua distribuição de produtos em bases coletivistas. Nesse caso, os socialistas revolucionários devem envidar todos os esforços em prol da libertação da comuna e de seu desenvolvimento.
> Mas se, pelo contrário, a comuna estiver destinada a perecer, aos socialistas não restará outra coisa senão dedicar-se a cálculos de exatidão variável para descobrir em quantas dezenas de anos a terra do camponês russo passará de suas mãos para as da burguesia e em quantas centenas de anos, talvez, o capitalismo atingirá na Rússia um desenvolvimento semelhante ao da Europa ocidental. Eles deverão, portanto, fazer propaganda apenas entre os trabalhadores urbanos, que serão continuamente submersos pelas massas de camponeses que, em decorrência da dissolução da comuna, serão lançadas às ruas das grandes cidades em busca de salário.[5]

Continuando, a revolucionária russa esclareceu que, entre aqueles que debatiam a matéria, circulavam teorias segundo as quais a "comuna rural [era] uma forma arcaica que a história e o socialismo científico (em suma, tudo o que exist[ia] de mais indiscutível) condena[va]m à morte". As pessoas que aduziam esses motivos declaravam-se discípulos de Marx por excelência, "marxistas". Seu argumento mais forte era: "Foi Marx quem disse".

---

[5] "Vera Zasulitch a Karl Marx", 16 de fevereiro de 1881, em Karl Marx, *Oeuvres. Économie II* (org. Maximilien Rubel, Paris, Gallimard, 1968), p. 1.556-7. [A tradução dos trechos da carta citados nesta passagem e na seguinte foi feita a partir da tradução para o italiano de autoria de Marcello Musto – N. T.]

Justamente por essa razão, ela concluía sua carta com um apelo aflito: Marx podia assim compreender "até que ponto [sua] opinião sobre a questão [lhe] interessava e que grande serviço ele [lhes prestaria]" se expusesse suas ideias "sobre o possível destino da [...] comuna rural e sobre a teoria da necessidade histórica de todos os países do mundo passarem por todas as fases da produção capitalista". A questão era tão vital, e Zasulitch mostrava-se tão determinada a conhecer o pensamento daquele que considerava o mais respeitado socialista vivo que seu texto terminava com o pedido de uma resposta, "ao menos na forma de uma carta" que seria traduzida e publicada na Rússia, caso ele não tivesse a possibilidade de expor suas "ideias sobre essas questões de maneira detalhada"[6].

O pedido formulado por Vera Zasulitch chegou no momento certo. Naquele período, de fato, Marx se encontrava totalmente imerso no estudo das relações comunitárias da época pré-capitalista. A mensagem de Zasulitch o estimulou a analisar concretamente um caso histórico de grande atualidade, estreitamente ligado às questões que, naquele momento, ele abordava no plano teórico.

A complexidade das avaliações expostas nas páginas por ele redigidas só podem ser compreendidas se, por meio de suas obras mais importantes, recapitularmos as reflexões de Marx sobre o papel do capitalismo em relação ao socialismo.

2. Capitalismo: pressuposto necessário da sociedade comunista?

A convicção de que a expansão do modo de produção capitalista é pressuposto fundamental para o nascimento da sociedade comunista atravessa a obra de Marx inteira.

No *Manifesto do Partido Comunista*, ele declarou, juntamente com Engels, que as tentativas revolucionárias da classe trabalhadora, na época da queda da sociedade feudal, estavam inevitavelmente destinadas ao fracasso "não só por causa do estado embrionário do próprio proletariado, como devido à ausência das condições materiais de sua emancipação, condições que apenas surgem como produto da época burguesa"[7].

Aproveitando-se das descobertas geográficas e do nascimento do mercado mundial, a burguesia "imprime um caráter cosmopolita à produção e ao consumo em todos os países"[8]. Além disso – o que é mais importante –, ela criou "as armas que lhe trarão a morte", e os homens que as empunharão: "os

---

[6] Ibidem. Ver também Karl Marx e Friedrich Engels, *Lutas de classes na Rússia*, cit., p. 78-80. Martin Buber comenta: "De que lado está a verdade histórica é uma decisão [que foi] delegada a Marx" (*Paths in Utopia*, Syracuse, Syracuse University Press, 1996, p. 91).

[7] Karl Marx e Friedrich Engels, *Manifesto Comunista*, cit., p. 66.

[8] Ibidem, p. 43.

operários modernos, os *proletários*"⁹, que aumentam na mesma velocidade com que ela se expande. Para Marx e Engels, de fato, "o progresso da indústria, de que a burguesia é agente passivo e involuntário, substitui o isolamento dos operários, resultante da competição, por sua união revolucionária resultante da associação [*Assoziation*]"¹⁰.

Marx formulou juízo semelhante, embora de uma ótica mais política, no brilhante "Discurso no aniversário de *The People's Paper*" (1856). Ao recordar que, com o capitalismo, haviam surgido forças industriais e científicas sem precedentes na história, ele disse aos militantes presentes naquele evento que "o vapor, a eletricidade e a máquina automática de fiar foram revolucionários muito mais perigosos do que os cidadãos Barbès, Raspail e Blanqui"¹¹.

Nos *Grundrisse*, Marx repetiu diversas vezes a ideia de que o capitalismo cria "a apropriação universal, tanto da natureza como das próprias relações sociais pelos membros da sociedade". Nesse texto, Marx afirmou, reiteradas vezes e com toda a clareza, que

> o capital, de acordo com essa sua tendência, move-se para além tanto das fronteiras e dos preconceitos nacionais quanto da divinização da natureza, bem como da satisfação tradicional das necessidades correntes, complacentemente circunscrita a certos limites, e da reprodução do modo de vida anterior. O capital é destrutivo disso tudo e revoluciona constantemente, derruba todas as barreiras que impedem o desenvolvimento das forças produtivas, a ampliação das necessidades, a diversidade da produção e a exploração e a troca das forças naturais e espirituais.¹²

Uma das exposições mais analíticas presentes na obra de Marx, acerca dos efeitos positivos do processo de produção capitalista, encontra-se num dos parágrafos conclusivos de seu *magnum opus*: "Tendência histórica da acumulação capitalista". Nessa passagem, Marx retoma as seis condições geradas pelo capital –

---

⁹ Ibidem, p. 46.
¹⁰ Ibidem, p. 51.
¹¹ Karl Marx, "Speech at the Anniversary of *The People's Paper*", em MECW, v. 14, p. 655. Marx refere-se a Armand Barbès (1809-1870), François Raspail (1794-1878) e Louis-Auguste Blanqui (1805-1881).
¹² Karl Marx, *Grundrisse. Manuscritos econômicos de 1857-1858: esboços da crítica da economia política* (trad. Mario Duayer e Nélio Schneider, São Paulo/Rio de Janeiro, Boitempo/Editora UFRJ, 2011), p. 542-3. Para um comentário a esse texto importante, porém complexo, de Marx, ver Marcello Musto (org.), *Karl Marx's Grundrisse: Foundations of the Critique of Political Economy 150 Years Later* (Londres/Nova York, 2008).

em particular, por sua "concentração"[13] (*Konzentration*) –, que constituem os pressupostos fundamentais para o nascimento possível da sociedade comunista. São elas: 1) cooperação laboral; 2) aporte científico-tecnológico fornecido à produção; 3) apropriação das forças da natureza pela produção; 4) criação de grandes máquinas, que só podem ser operadas em comum pelos operários; 5) economia dos meios de produção; 6) tendência à criação de um mercado mundial. Para Marx,

> paralelamente a essa centralização, ou à expropriação de muitos capitalistas por poucos, desenvolve-se a forma cooperativa do processo de trabalho em escala cada vez maior, a aplicação técnica consciente da ciência, a exploração planejada da terra, a transformação dos meios de trabalho em meios de trabalho que só podem ser utilizados coletivamente, a economia de todos os meios de produção graças a seu uso como meios de produção do trabalho social e combinado, o entrelaçamento de todos os povos na rede do mercado mundial e, com isso, o caráter internacional do regime capitalista.[14]

Ele sabia perfeitamente que, com a concentração da produção nas mãos de poucos patrões, aumentaria "a massa de miséria, opressão, servidão, degeneração, exploração"[15] das classes trabalhadoras; no entanto, também tinha consciência de que a "cooperação dos assalariados [era] um [...] efeito do capital que os emprega simultaneamente"[16]. Estava convencido de que o aumento extraordinário das forças produtivas no capitalismo, aumento que se manifestava com maior intensidade e rapidez do que todos os modos de produção anteriores, criara as condições para a superação das relações socioeconômicas dele mesmo originadas e, portanto, a transição para uma sociedade socialista.

Em *O capital*, de fato, Marx afirmou que "o modo de produção capitalista se apresenta [...] como uma necessidade histórica para a transformação do processo de trabalho num processo social"[17]. Para ele, "a força produtiva social do trabalho se desenvolve gratuitamente sempre que os trabalhadores se encontrem sob determinadas condições, e é o capital que os coloca sob essas condições"[18]. Marx compreendeu que as circunstâncias mais favoráveis para o comunismo só teriam podido realizar-se com a expansão do capital.

---

[13] Karl Marx, *O capital: crítica da economia política*, Livro I: *O processo de produção do capital* (trad. Rubens Enderle, São Paulo, Boitempo, 2013), p. 831.
[14] Ibidem, p. 832.
[15] Idem.
[16] Ibidem, p. 406-7.
[17] Ibidem, p. 410.
[18] Ibidem, p. 408.

Como fanático da valorização do valor, o capitalista força inescrupulosamente a humanidade à produção pela produção e, consequentemente, a um desenvolvimento das forças produtivas sociais e à criação de condições materiais de produção que constituem as únicas bases reais possíveis de uma forma superior de sociedade, cujo princípio fundamental seja o pleno e livre desenvolvimento de cada indivíduo.[19]

Há mais reflexões sobre o papel decisivo do modo de produção capitalista na preparação do terreno para o comunismo ao longo de todo o percurso da crítica marxiana da economia política. Marx tinha plena consciência, conforme escreveu nos *Grundrisse*, que, se uma das tendências do capital é "criar tempo disponível", ele em seguida "o converte em mais-trabalho"[20]. No entanto, com esse modo de produção, o trabalho é valorizado ao máximo, e "o *quantum* de trabalho necessário para a produção de certo objeto é reduzido a um mínimo".

Para Marx, isso era absolutamente fundamental. Essa transformação "beneficiará o trabalho emancipado e é a condição de sua emancipação"[21]. Portanto, o capital, "a despeito dele mesmo, [...] é instrumento na criação dos meios para o tempo social disponível, na redução do tempo de trabalho de toda a sociedade a um mínimo decrescente e, com isso, na transformação do tempo de todos em tempo livre para seu próprio desenvolvimento"[22].

Além de estar convencido de que, quanto à capacidade de expandir ao máximo as forças produtivas, o capitalismo era o melhor sistema que existira, Marx reconheceu que, apesar da impiedosa exploração dos seres humanos, ele apresentava alguns elementos potencialmente progressistas, que lhe permitiam, muito mais do que em outras sociedades do passado, valorizar as potencialidades dos indivíduos.

---

[19] Ibidem, p. 667. Numa carta de 7 de dezembro de 1867, Marx forneceu a Engels – que então preparava uma resenha de *O capital* – uma síntese dos principais argumentos que desejava fossem tratados pelo amigo em seu texto. Nessa ocasião, Marx descreveu seu trabalho como a demonstração de que "a sociedade atual, considerada do ponto de vista econômico, está prenha de uma nova forma superior". Em seguida a uma arriscada comparação entre suas descobertas e a teoria da evolução de Darwin, ele recordou que, em sua obra, punha-se em evidência "um progresso oculto, lá onde as modernas relações econômicas são acompanhadas de assustadoras consequências imediatas". Por meio de "sua concepção crítica, [...] talvez sem querer", ele havia "dado fim a todo socialismo livresco, isto é, a todo utopismo". Por fim, entre as frases sugeridas a Engels, estava a declaração com que Marx pretendia reafirmar uma profunda convicção: "Se o sr. Lassalle injuriava os capitalistas e adulava os fidalgotes prussianos, o sr. M[arx], ao contrário, demonstra a 'necessidade' histórica da produção capitalista" ("Karl Marx to Friedrich Engels", em MECW, v. 42, p. 494).

[20] Karl Marx, *Grundrisse*, cit., p. 506.

[21] Ibidem, p. 585.

[22] Ibidem, p. 945.

Apesar de profundamente contrário aos princípios produtivistas do capitalismo, ou seja, ao primado do valor de troca e ao imperativo da produção de mais-valor, Marx considerou a questão do aumento das capacidades produtivas em relação ao incremento das faculdades individuais. Nos *Grundrisse*, de fato, ele recordou que

> no próprio ato da reprodução não se alteram apenas as condições objetivas, por exemplo, a vila se torna cidade, o agreste, campo desmatado etc., mas os produtores se modificam, extraindo de si mesmos novas qualidades, desenvolvendo a si mesmos por meio da produção, se remodelando, formando novas forças e novas concepções, novos meios de comunicação, novas necessidades e nova linguagem.[23]

Esse procedimento diferente das forças produtivas, muito mais intenso e complexo, gerava "o desenvolvimento mais rico dos indivíduos"[24], "a universalidade de suas relações reais e ideais"[25].

Também em *O capital*, Marx afirmou que: "A troca de mercadorias rompe as barreiras individuais e locais da troca direta de produtos e desenvolve [...] um círculo completo de conexões que, embora sociais, impõem-se como naturais, não podendo ser controladas por seus agentes"[26]. Trata-se de uma produção que se realiza "numa forma adequada ao pleno desenvolvimento humano"[27].

Por fim, Marx também considerou positivas algumas tendências do capitalismo em relação à emancipação da mulher e à modernização das relações na esfera doméstica. No importante documento "Instruções para os delegados do conselho geral provisório. As diferentes questões" (1866), preparado por ocasião do primeiro congresso da Associação Internacional de Trabalhadores, ele afirmou que, "ainda que o modo como é realizado sob o jugo do capital seja abominável [...], fazer cooperar [...] os jovens de ambos os sexos com o grande movimento da produção social [... é] um progresso."[28].

Avaliações análogas encontram-se em *O capital*, onde se lê:

> Por terrível e repugnante que pareça a dissolução do velho sistema familiar no interior do sistema capitalista, não deixa de ser verdade que a grande indústria, ao conferir às mulheres, aos adolescentes e às crianças de ambos os sexos um papel

---

[23] Ibidem, p. 655-6.
[24] Ibidem, p. 722.
[25] Ibidem, p. 724.
[26] Karl Marx, *O capital*, Livro I, cit., p. 186.
[27] Ibidem, p. 573.
[28] Karl Marx, "Instructions for the Delegates of the Provisional General Council. The Different Questions", em MECW, v. 20, p. 188.

decisivo nos processos socialmente organizados da produção situados fora da esfera doméstica, cria o novo fundamento econômico para uma forma superior da família e da relação entre os sexos.[29]

Marx acrescentou que "o modo de produção capitalista consuma a ruptura do laço familiar original que unia a agricultura à manufatura e envolvia a forma infantilmente rudimentar de ambas". Graças a isso, criou-se uma "predominância sempre crescente da população urbana, amontoada em grandes centros pela produção capitalista", que é a verdadeira "força motriz histórica da sociedade"[30].

Em síntese, utilizando o método dialético de sua obra, tanto em *O capital* como em seus manuscritos preparatórios, Marx sustentou que, "amadurecendo as condições materiais e a combinação social do processo de produção", amadurecem também "os elementos criadores de uma nova sociedade"[31]. Essas "premissas materiais" são decisivas para realizar uma "nova síntese superior"[32] e, ainda que a revolução jamais venha a nascer exclusivamente de meras dinâmicas econômicas e dependa sempre do imprescindível fator político, o advento do comunismo requer "uma base material da sociedade ou uma série de condições materiais de existência que, por sua vez, são elas próprias o produto natural-espontâneo de uma longa e excruciante história de desenvolvimento"[33].

Teses similares, que confirmam a continuidade do pensamento de Marx, podem ser encontradas em escritos políticos breves, porém importantes, subsequentes à redação de *O capital*.

Em "Resumo crítico de *Estatismo e anarquia*, de Mikhail Bakunin (1874)", no qual se encontram relevantes anotações sobre as diferenças radicais entre as concepções de Marx e as do revolucionário russo acerca dos pressupostos indispensáveis para o nascimento de uma sociedade alternativa ao capitalismo, ele confirmou que, também com relação ao sujeito social que conduzirá a luta,

> uma revolução social radical está ligada a certas condições históricas do desenvolvimento econômico; estas são seu pressuposto. Portanto, ela só é possível onde, juntamente com a produção capitalista, o proletariado industrial assume no mínimo uma posição significativa na massa popular.[34]

---

[29] Idem, *O capital*, Livro I, cit., p. 560.
[30] Ibidem, p. 572.
[31] Ibidem, p. 571.
[32] Ibidem, p. 572.
[33] Ibidem, p. 154.
[34] Karl Marx, "Resumo crítico de *Estatismo e anarquia*, de Mikhail Bakunin (1874) (Excertos)", em *Crítica do Programa de Gotha* (trad. Rubens Enderle, São Paulo, Boitempo, 2012), p. 112.

Em *Crítica do Programa de Gotha*, Marx afirmou que seria preciso "demonstrar com precisão de que modo, na atual sociedade capitalista, são finalmente criadas as condições materiais etc. que habilitam e obrigam os trabalhadores a romper essa maldição histórica"[35]. Por fim, também num de seus últimos breves textos publicados, "Programa eleitoral dos trabalhadores socialistas" (1880)[36], Marx reiterou que, para que os produtores pudessem apropriar-se dos meios de produção, era essencial "a forma coletiva, cujos elementos materiais e intelectuais são constituídos pelo próprio desenvolvimento da sociedade capitalista"[37].

Em sua obra, portanto, Marx se abstivera de indicar fórmulas que pudessem sugerir aquilo que ele considerava inútil e politicamente contraproducente: delinear um modelo universal de sociedade socialista. Por essa razão, no "Posfácio da segunda edição" (1873) de *O capital*, ele afirmou não ter nenhum interesse em "prescrever receitas [...] para o cardápio da taberna do futuro"[38]. Essa afirmação foi reiterada nas *Glosas marginais sobre Wagner* (1879-1880), quando, em resposta a uma crítica do economista alemão Adolph Wagner (1835-1917), Marx escreveu categoricamente: "Jamais estabeleci um sistema socialista"[39].

Do mesmo modo que jamais manifestou a vontade de prefigurar como deveria ser o socialismo, Marx, ao expor suas reflexões sobre o capitalismo, tampouco afirmou que a sociedade humana estava destinada a percorrer o mesmo caminho em todo lugar, nem que lhe fosse necessário atravessar a mesmas etapas. Apesar disso, teve de prestar contas da tese, que lhe foi erroneamente atribuída, da fatalidade histórica do modo de produção burguesa. Claro testemunho disso é a controvérsia sobre a perspectiva do desenvolvimento capitalista na Rússia.

Em novembro de 1877, Marx havia preparado uma longa carta à redação de *Otétchestvennie Zapíski* [Anais da Pátria], com a qual decidira replicar ao artigo "Karl Marx diante do tribunal do sr. Zukovski", do crítico literário e sociólogo Nikolai Mikhailovski (1842-1904), sobre o futuro da comuna (*obschina*) agrícola. A carta foi reelaborada diversas vezes, mas, ao fim, foi deixada como minuta, com sinais de algumas rasuras. Nunca foi enviada, mas continha interessantes antecipações dos argumentos que Marx usaria, mais tarde, na reposta a Vera Zasulitch.

Numa série de ensaios, Mikhailovski lançara uma questão muito semelhante, ainda que com nuances diferentes, àquela que seria formulada por Zasulitch

---

[35] Idem, *Crítica do Programa de Gotha*, cit., p. 25.
[36] Esse texto, geralmente indicado com o título "Considerações preliminares do programa do partido operário francês", consta do Apêndice deste volume; ver p. 139-41.
[37] Ver, neste volume, Apêndice, p. 139.
[38] Karl Marx, *O capital*, Livro I, cit., p. 88.
[39] Idem, *Marginal notes on Adolph Wagner's "Lehrbuch der politischen Ökonomie"*, em MECW, v. 24, p. 533.

quatro anos depois. Para esta última, o cerne do problema estava nas repercussões que as possíveis mudanças da comuna rural teriam sobre a atividade de propaganda do movimento socialista. Mikhailovski, por sua vez, discutia mais teoricamente as diferentes teses existentes sobre o futuro da *obschina*. Estas oscilavam entre aqueles que defendiam que a Rússia deveria destruir a *obschina* (os economistas liberais) para passar ao regime capitalista e aqueles que, a fim de evitar os efeitos negativos desse modo de produção sobre a população, tinham a esperança de que a comuna rural pudesse continuar a desenvolver-se.

Se Zasulitch dirigiu-se a Marx para saber seu ponto de vista e receber indicações, Mikhailovski, eminente representante do populismo russo[40], propendia nitidamente para esta última hipótese e acreditava que Marx preferisse a primeira. Zasulitch escrevera que os "marxistas" afirmavam ser indispensável o desenvolvimento do capitalismo; Mikhailovski ia além, declarando que era o próprio Marx quem havia defendido essa tese em *O capital*. Na falta de provas textuais exatas para demonstrar esse argumento, ele recorrera a uma afirmação polêmica de Marx a Alexander Herzen (1812-1870), contida no apêndice do livro[41]. Marx, que sempre se opusera às posições de Herzen, sustentando que este usava a comuna russa como mero "argumento para provar que a velha Europa poderia ter sido regenerada pela vitória do pan-eslavismo", afirmou, um tanto irritado, que sua polêmica com Herzen não podia ser transformada na falsificação de suas avaliações, ou seja – como escrevera Mikhailovski –, na negação dos "esforços 'dos homens russos para encontrar um caminho de desenvolvimento para a sua pátria, diferente daquele que foi e é trilhado pela Europa ocidental [...]'"[42].

Assim, visto que Marx detestava a ambiguidade teórica, com a carta à redação de *Otétchestvennie Zapíski* seu objetivo era de, "falando sem rodeios", exprimir as conclusões a que chegara após muitos anos de estudo. Iniciava com a seguinte frase, posteriormente riscada no manuscrito: "Se a Rússia continuar na estrada que tomou em 1861, perderá a mais bela ocasião que a história já ofereceu a um povo e, em vez disso, sofrerá todos os infortúnios fatais do regime capitalista"[43].

---

[40] Para alguns escritos de Mikhailovski e outros fundadores desse importante movimento, remetemos a Giorgio Migliardi (org.), *Il populismo russo* (Milão, Franco Angeli, 1985), além do fundamental Andrzej Walicki, *Marxisti e populisti: il dibattito sul capitalismo* (Milão, Jaca, 1973) e a Franco Venturi, *Il populismo russo* (Turim, Einaudi, 1972).

[41] Ver Karl Marx, "Nachtrag zu den Noten des ersten Buches", em *Das Kapital*, MEGA², II, 5 (Berlim, Dietz, 1983), p. 625. O "Apêndice às notas do Livro I" foi eliminado em todas as edições subsequentes de *O capital* e, por isso, não foi inserido nas traduções da obra.

[42] Karl Marx, "Carta à redação da Otechestvenye Zapiski", cit., p. 44.

[43] Ibidem, p. 234.

O primeiro e fundamental esclarecimento dizia respeito aos âmbitos a que ele se referira em suas análises. A esse propósito, recordou que, no capítulo intitulado "A assim chamada acumulação primitiva"[44], de *O capital*, ele quisera "descrever o percurso seguido pela ordem econômica capitalista para sair do ventre da ordem econômica feudal", referindo-se apenas e exclusivamente "à Europa ocidental". Não o mundo inteiro, portanto, mas apenas o Velho Continente.

Marx remeteu, então, à leitura de uma passagem da edição francesa de *O capital*, na qual afirmara que a base de todo o processo de separação dos produtores de seus meios de produção fora "a expropriação dos agricultores", acrescentando que esse processo "só se realizou de um modo radical na Inglaterra, [...] mas [que] todos os países da Europa ocidental percorrem o mesmo processo"[45].

Prosseguindo na exposição de seu raciocínio, ele recordou, ademais, que havia condensado a tendência histórica da produção capitalista como um processo no qual esta última, tendo criado "os elementos de uma nova ordem econômica" mediante o "maior impulso [dado] às forças produtivas do trabalho social e ao desenvolvimento integral de todo produtor individual" e já sendo "baseada de fato num modo de produção coletivo", não podia senão "transformar-se em propriedade social"[46].

Mikhailovski, portanto, só "podia aplicar esse esboço histórico à Rússia" do seguinte modo: se ela se tornasse "uma nação capitalista sob o modelo das nações da Europa ocidental" – e, segundo Marx, esse era o caminho que ela passara a percorrer nos últimos anos –, não completaria sua transformação "sem ter transformado, de antemão, uma boa parte de seus camponeses em proletários; e, depois disso, uma vez levada ao âmago do regime capitalista, ter[ia] de suportar suas leis impiedosas como os demais povos profanos"[47].

O maior desapontamento de Marx tinha origem na tentativa de seu crítico de

> metamorfosear totalmente o meu esquema histórico da gênese do capitalismo na Europa ocidental em uma teoria histórico-filosófica do curso geral fatalmente imposto a todos os povos, independentemente das circunstâncias históricas nas quais eles se encontrem.[48]

---

[44] Karl Marx, *O capital*, Livro I, cit., p. 785-834.
[45] Idem, "Carta à redação da *Otechestvenye Zapiski*", cit., p. 58. Ver também idem, *Le Capital*, MEGA², v. II/7, p. 634. Esse importante acréscimo feito por Marx durante a tradução francesa de seu texto por Joseph Roy não foi incluído por Engels na quarta edição alemã, de 1890, que se tornaria a versão padrão das traduções do *magnum opus* marxiano.
[46] Idem, "Carta à redação da Otechestvenye Zapiski", cit., p. 44.
[47] Ibidem, p. 45.
[48] Idem.

Ironicamente, Marx acrescentou: "Mas peço-lhe desculpas. Isso muito me honra, ao mesmo tempo que me cobre de vergonha". Lançando mão do exemplo da expropriação dos camponeses da Roma antiga e da separação destes de seus meios de produção, assinalou que estes, na verdade, não se tornaram "trabalhadores assalariados, mas, sim, uma plebe desocupada". Em decorrência desse processo, desenvolveu-se um modo de produção escravagista, não capitalista. Marx conclui, então, afirmando que "eventos de uma analogia surpreendente, porém ocorridos em ambientes históricos diversos, produz[em] resultados totalmente distintos". Para compreender as transformações históricas, seria necessário estudar separadamente cada um dos fenômenos e só depois confrontá-los. A interpretação destes jamais seria possível mediante a "chave-mestra [de] uma teoria histórico-filosófica geral, cuja virtude suprema consiste em ser supra-histórica"[49].

Em conclusão, a crítica de Mikhailovski, que de fato ignorava a verdadeira posição teórica de Marx, pareceu antecipar um dos pontos fundamentais que caracterizariam o marxismo no século XX e que, à época, já circulava entre seus seguidores, tanto na Rússia quanto em outros países. A crítica de Marx a essa concepção foi tanto mais importante porque voltada não só ao presente, mas também ao futuro[50].

3. O outro caminho possível

Por quase três semanas, Marx permaneceu imerso em seus papéis, plenamente consciente de que deveria dar resposta a uma inquirição teórica de grande calibre e, mais ainda, de exprimir sua posição acerca de uma questão política concreta e premente[51].

Fruto de seu trabalho foram três longos esboços, que às vezes continham argumentações contraditórias entre si, e a minuta de resposta posteriormente enviada a Vera Zasulitch. As diferentes versões elaboradas por Marx foram todas escritas em francês e se iniciavam da mesma forma.

Como síntese de sua coerente análise da passagem "da propriedade feudal à produção capitalista", Marx lançou mão da mesma citação da edição francesa de

---

[49] Ibidem, p. 46.
[50] Ver Pier Paolo Poggio, *L'Obščina: comune contadina e rivoluzione in Russia* (Milão, Jaca Book, 1978), p 148.
[51] Ver Martin Buber, *Paths in Utopia*, cit., p. 91: "Seus esforços para dar uma resposta justa são de uma profundidade e uma honestidade dignas de admiração. Marx, que anteriormente já se ocupara dessa difícil questão, nela mergulha de novo com grande intensidade. Vemo-lo diversas vezes apagar uma formulação de grande precisão e fineza para buscar outra ainda mais adequada. Embora se trate apenas de uma série de esboços fragmentários, essas notas me parecem a tentativa mais importante de abarcar sinteticamente o tema da comuna rural russa".

O capital, que ele já utilizara na carta à redação da *Otétchestvennie Zapíski*. Na linha seguinte, ele reiterou ter "restringi[do] expressamente a 'fatalidade histórica' desse movimento aos 'países da Europa ocidental'"[52].

A esse tipo de premissa seguiram-se reflexões circunstanciadas e ricas em implicações teóricas sobre a *obschina*, como germe de uma futura sociedade socialista, acompanhadas do exame das possibilidades concretas de sua realização.

Na primeira[53] das três redações, que foi também a mais extensa, Marx analisou aquilo que ele considerava "o único argumento sério a favor da *fatal dissolução* da comuna *camponesa russa*". Analisando a história europeia, Marx via repetir-se uma única e constante modificação: "Ao longo de toda a história da Europa ocidental, desde suas origens, pode-se encontrar a propriedade comunal de tipo mais ou menos arcaico; por toda parte, ela desapareceu com o crescente progresso social". Por que razão, portanto, a Rússia "escaparia a esse mesmo destino [...]"? A essa interrogação Marx responde com o mesmo argumento já indicado anteriormente: "Só levo em conta esse raciocínio na medida em que ele se baseia nas experiências europeias"[54].

Com relação à Rússia, ao contrário, ele afirma:

> Se a produção capitalista estabelecer seu reinado na Rússia, a grande maioria dos camponeses, isto é, do povo russo, deverá ser convertida em assalariados e, em consequência, expropriados pela abolição prévia de sua propriedade comunista. Mas, em todos os casos, o precedente ocidental não provaria absolutamente nada![55]

A comuna agrícola poderia também desagregar-se e deixar de existir – ocorrência que, de fato, não se podia excluir. No entanto, se isso acontecesse, não seria por causa de uma predestinação histórica[56].

Além disso, referindo-se a todos aqueles que, segundo Zasulitch, declaravam-se seus seguidores, porém defendiam a inevitabilidade do advento do capitalismo, Marx comentou, com seu típico sarcasmo: "Os 'marxistas' russos de que falais

---

[52] Karl Marx, "Carta a Vera Zasulitch. Primeiro esboço", em Karl Marx e Friedrich Engels, *Lutas de classes na Rússia*, cit., p. 89.

[53] Para uma datação alternativa dos esboços da carta a Vera Zasulitch, ver Haruki Wada, "Marx and Revolutionary Russia", em Teodor Shanin, *Late Marx and the Russian Road*, cit., p. 40-76.

[54] Karl Marx, "Carta a Vera Zasulitch. Terceiro esboço", em Karl Marx e Friedrich Engels, *Lutas de classes na Rússia*, cit., p. 108.

[55] Karl Marx, "Carta a Vera Zasulitch. Segundo esboço", em Karl Marx e Friedrich Engels, *Luta de classes na Rússia*, cit., p. 104.

[56] Ver Teodor Shanin, "Late Marx: Gods and Craftsmen", em *Late Marx and the Russian Road*, cit., p. 16.

me são desconhecidos. Os russos com os quais tenho relações pessoais [...] têm pontos de vista totalmente opostos [a esse]"[57].

Essas constantes referências às experiências ocidentais foram acompanhadas por uma observação de grande valor. Se, no início dos anos 1850, no artigo "Futuros resultados da dominação britânica na Índia" (1853), publicado no *New-York Tribune*, Marx afirmara que "a Inglaterra [devia] cumprir duas missões na Índia, uma destruidora, outra regeneradora: aniquilar a velha sociedade asiática e assentar os fundamentos materiais da sociedade ocidental na Ásia"[58], em suas reflexões sobre a Rússia a mudança de perspectiva é evidente.

Já em 1853 ele não alimentava nenhuma ilusão sobre as características fundamentais do capitalismo, tendo plena consciência de que a burguesia não havia "jamais dado impulso ao progresso sem arrastar os indivíduos no sangue e na lama, na miséria e na degradação"[59]. No entanto, estava convencido de que, por meio do intercâmbio universal, do desenvolvimento das forças produtivas humanas e da transformação da produção em algo científico, capaz de dominar as forças da natureza, "a indústria e o comércio burgueses cria[ria]m condições materiais para um mundo novo"[60].

A visão contida nessa afirmação, com base na qual Marx foi acusado de eurocentrismo e orientalismo por aqueles que fizeram de sua obra uma leitura limitada e, muitas vezes, superficial[61], corresponde apenas a uma reflexão parcial e ingênua

---

[57] Karl Marx, "Carta a Vera Zasulitch. Segundo esboço", cit., p. 104.
[58] Idem, "The Future Results of British Rule in India", em MECW, v. 12, p. 222.
[59] Ibidem, p. 221.
[60] Ibidem, p. 222. Marx acrescentou: "O período histórico burguês [...] cria as bases materiais do novo mundo".
[61] Ver, por exemplo, Edward Said, *Orientalismo: o Oriente como invenção do Ocidente* (trad. Rosaura Eichenberg, São Paulo, Companhia das Letras, 1990), p. 215-21. As acusações de Said, que não só declarou que "as análises econômicas de Marx são perfeitamente adequadas a um empreendimento orientalista padrão", como insinuou que elas "acaba[ram] sendo desviada[s] para a antiga desigualdade entre Leste e Oeste" (ibidem, p. 217). Na verdade, a leitura de Said das obras de Marx é tendenciosa. O primeiro a chamar atenção para as falhas dessa interpretação foi Sadiq Jalal al-Azm (1934-2016), que, no artigo "Orientalism and Orientalism in Reverse", denunciou: "Essa exposição das visões e das análises de Marx sobre situações e processos históricos extremamente complexos é uma farsa. [...] Não há nada específico nem sobre a Ásia nem sobre o Oriente na ampla interpretação teórica de Marx" (*Khamsin*, v. 8, 1980, p. 14-5). De fato, no que concerne a "capacidades produtivas, organização social, ascendência histórica, poder militar e desenvolvimentos científicos e tecnológicos [...], Marx, como qualquer outro, sabia da superioridade da Europa moderna em relação ao Oriente. Mas acusar de [...] transformar esse fato contingente em realidade necessária por todos os tempos é simplesmente absurdo" (ibidem, p. 15-6). Aijaz Ahmad (1932-), demonstrou como Said "descontextualizou citações, com pouca noção do que [representasse] a passagem citada" na obra de Marx, simplesmente

sobre o colonialismo, elaborada por um jovem jornalista, à época com apenas 35 anos. Em 1881, depois de décadas de estudos teóricos aprofundados e de atenta observação das mudanças ocorridas no cenário político internacional, além da enorme quantidade de leituras compendiadas, justamente naquele período, nos seus *Cadernos etnológicos*, o tema da possível transição do capitalismo às formas comunitárias do passado foi considerado de modo totalmente distinto. Por exemplo, referindo-se "às Índias Orientais", ele manifestou a convicção de que

> todo o mundo – menos Sir H[enry]Maine e outras pessoas da mesma laia – sabe que lá a supressão da propriedade comum do solo não passou de um ato de vandalismo inglês, que não impulsionou o povo indiano para frente, mas o empurrou para trás.[62]

Os britânicos tinham sido capazes somente com "estragar a agricultura local [indiana] e duplicar tanto a quantidade quanto a intensidade da fome"[63].

Assim, a *obschina* russa não estava inevitavelmente destinada a acompanhar o resultado de realidades semelhantes que já haviam existido na Europa, onde, nos séculos anteriores, ocorrera de modo razoavelmente uniforme a "transição da sociedade fundada sobre a propriedade comum para a sociedade fundada sobre a propriedade privada"[64]. À pergunta se, também na Rússia, "o itinerário histórico da comuna agrícola [deveria levar] fatalmente a esse resultado", Marx opõe, uma vez mais, um seco: "De modo algum"[65].

Além de sua decidida recusa teórica de aplicar esquematicamente o mesmo modelo histórico em contextos diferentes, Marx esclareceu também as razões pelas quais a *obschina* devia ser analisada com base em suas próprias características exclusivas.

Antes de mais nada, era necessário ressaltar que "a expropriação dos agricultores no Ocidente" ocorrera em decorrência de uma transformação da propriedade privada, que passara da forma "particionada dos trabalhadores" à forma "concentrada dos capitalistas". Na Rússia, o processo seria diferente, porque se trataria

---

para "inseri[-las] em [seu] arquivo orientalista" (*In Theory: Classes, Nations, Literatures*, Londres, Verso, 1992, p. 231 e 223). Contra o suposto eurocentrismo de Marx, ver também Irfan Habib, "Marx's Perception of India", em Iqbal Husain (org.), *Karl Marx on India* (Nova Delhi, Tulika, 2006), p. xix-liv. A propósito, ver, por fim, Kevin B. Anderson, *Marx at the Margins* (Chicago, University of Chicago Press, 2010), p. 238.

[62] Karl Marx, "Carta a Vera Zasulitch. Terceiro esboço", cit., p. 108.
[63] Ibidem, p. 112.
[64] Ibidem, p. 111.
[65] Idem.

"da substituição da propriedade capitalista pela propriedade comunista"[66]. Além disso, era preciso ter em mente que, "na Europa ocidental a morte da propriedade comunal e o nascimento da produção capitalista estão separados um do outro por um intervalo imenso, abrangendo toda uma série de revoluções e sucessivas evoluções econômicas, das quais a produção capitalista é apenas a mais recente"[67].

Com a versatilidade que lhe era característica e sem esquematismos, Marx levou em consideração a possível transformação da comuna agrícola. Para ele, a "forma constitutiva" da *obschina* estava aberta a duas possibilidades: "Ou o elemento da propriedade privada implicado nela prevalecerá sobre o elemento coletivo, ou este último prevalecerá sobre o primeiro. [...] Tudo depende do ambiente histórico em que a comuna se encontra localizada"[68]; além disso, o contexto da época não o levou a excluir a possibilidade de um desenvolvimento socialista da *obschina*.

O primeiro ponto por ele sublinhado dizia respeito à coexistência entre a comuna agrícola e formas econômicas mais avançadas. Marx observou que a Rússia era

> contemporânea de uma cultura superior e encontra-se ligada a um mercado mundial, no qual predomina a produção capitalista. Apropriando-se dos resultados positivos desse modo de produção, ela está, portanto, em condições de desenvolver e transformar a forma ainda arcaica de sua comuna rural em vez de destruí-la.[69]

Os camponeses poderiam "incorporar as conquistas positivas realizadas pelo sistema capitalista sem passar por suas 'forças caudinas'"[70].

Além disso, considerando que não se podia proceder por saltos, como sustentavam aqueles que consideravam o capitalismo uma etapa irrenunciável para a Rússia, Marx lhes perguntava, de modo irônico, se esse país, tal como o Ocidente, teria de "passar por um longo período de incubação da indústria mecânica para ter acesso a máquinas, barcos a vapor [e] ferrovias". Do mesmo modo, questionava como teria sido possível "introduzir entre si num piscar de olhos todo o mecanismo de trocas (bancos, sociedades por ações etc.), cuja produção custou séculos ao Ocidente"[71].

A história da Rússia não podia percorrer servilmente todas as etapas que haviam marcado a história da Inglaterra e dos outros países europeus. Portanto,

---

[66] Karl Marx, "Carta a Vera Zasulitch. Segundo esboço", cit., p. 103.
[67] Ibidem, p. 104.
[68] Karl Marx, "Carta a Vera Zasulitch. Primeiro esboço", cit., p. 93.
[69] Idem, "Carta a Vera Zasulitch. Segundo esboço", cit., p. 105.
[70] Ibidem, p. 111.
[71] Karl Marx, "Carta a Vera Zasulitch. Primeiro esboço", cit., p. 90.

ao aceitar-se essa hipótese e considerá-la a única dotada de lógica, também a transformação socialista da *obschina* poderia ocorrer sem passar necessariamente pelo capitalismo.

Enfim, para Marx, era fundamental avaliar o momento em que se levava em consideração essa hipótese. A "melhor prova" de que o desenvolvimento da comuna rural em direção ao socialismo poderia responder à "tendência histórica da [...] época [era] a crise fatal" – nesse caso, as esperanças políticas de Marx o levaram a escrever um "fatal" que seria dispensável – "experienciada pela produção capitalista nos países europeus e americanos, nos quais ela encontrou um grande desenvolvimento". Com base nas sugestões extraídas da leitura dos escritos de Lewis Morgan, Marx tinha esperança de que a crise econômica em curso poderia determinar as condições favoráveis para a "eliminação" do capitalismo e o "retorno das sociedades modernas a uma forma superior de tipo 'arcaico' da propriedade e da produção coletivas"[72].

Por essas palavras, fica evidente, uma vez mais, que Marx realmente não pensava no modo "primitivo de produção cooperativa ou coletiva, [que fora] o resultado da fraqueza do indivíduo isolado", mas, sim, naquele que era fruto da "socialização dos meios de produção"[73]. A própria *obschina*, como ele ressaltou, era a forma "mais moderna do tipo arcaico" de propriedade comunista, que, por sua vez, passara por "toda uma série de evoluções"[74].

Esses estudos e as consequentes análises, não esquemas abstratos, determinaram a escolha de Marx. As comunas agrícolas russas já não estavam baseadas "em relações de consanguinidade entre seus membros", mas representavam um potencial "primeiro agrupamento social de homens livres, não estreitado por laços de sangue"[75].

Das comunas rurais arcaicas, Marx criticava também seu "isolamento", uma vez que, fechadas em si mesmas e sem nenhum contato com o mundo exterior, constituíam, do ponto de vista político, a realidade econômica mais ajustada ao reacionário regime tsarista: "A falta de conexão entre a vida de uma comuna e a de outras, esse microcosmo localizado [...], onde quer que ele se encontre, gera sempre um despotismo central acima das comunas".

É evidente que Marx não havia mudado seu juízo crítico geral sobre as comunas rurais da Rússia e que, no curso de sua análise, a importância do desenvolvimento do indivíduo e da produção social havia permanecido intacta. Nos esboços preliminares da carta a Vera Zasulitch não se revela nenhum rompimento

---

[72] Ibidem, p. 95-6.
[73] Ibidem, p. 92.
[74] Karl Marx, "Carta a Vera Zasulitch. Segundo esboço", cit., p. 105.
[75] Idem, "Carta a Vera Zasulitch. Terceiro esboço", cit., p. 109.

drástico de Marx em relação a suas convicções anteriores – ao contrário do que afirmaram alguns estudiosos[76]. Os elementos de novidade em relação ao passado dizem respeito, antes, à abertura teórica graças à qual ele passou a considerar outras vias possíveis para a transição ao socialismo, vias que até então jamais haviam sido avaliadas ou tinham sido consideradas irrealizáveis[77].

Além do mais, na segunda metade do século XIX, em decorrência das reformas implementadas por Alexander Romanov II (1818-1881), as condições da *obschina* já estavam alteradas e apresentavam muitos aspectos contraditórios[78].

> Emancipada desses laços fortes, mas restritos, do parentesco natural, a propriedade comum do solo e as relações sociais dela decorrentes garantiram-lhe uma base sólida, ao mesmo tempo que a casa e seu pátio, como domínio exclusivo da família individual, o cultivo parceleiro e a apropriação privada de seus frutos impulsionaram à individualidade, algo incompatível com o organismo das comunidades mais primitivas.[79]

Esse "dualismo" podia "se converter em germe de decomposição" e mostrava que "a comuna carrega[va] dentro de si seus elementos deletérios"[80]. O que ameaçava sua sobrevivência não eram apenas as "influências destrutivas" provenientes do exterior, como a do Estado, que, com uma intervenção legislativa, favorecera

---

[76] Ver, por exemplo, as interpretações de Teodor Shanin (org.), *Late Marx and the Russian Road*, cit., p. 60, que formulou a tese da presença de uma "mudança significativa" em relação à publicação de *O capital* de 1867, ou de Enrique Dussel, *El último Marx (1863-1882) y la liberación latinoamericana* (Cidade do México, Siglo XXI, 1990), p. 260 e 268-9. Muitos foram também os autores que propuseram uma leitura "terceiro-mundista" da elaboração do último Marx, com a consequente mudança do sujeito revolucionário, de operários fabris a massas rurais e das periferias.

[77] A esse propósito, veja-se o que Marian Sawer afirmou no excelente volume *Marxism and the Question of the Asiatic Mode of Production* (Haia, Martinus Nijhoff, 1977), p. 67: "O que ocorreu, em particular no decurso dos anos 1870, não foi que Marx tivesse mudado de opinião sobre o caráter das comunas rurais nem que tivesse decidido que estas, na forma como existiam, poderiam tornar-se a base do socialismo; o que ele passou a considerar foi, antes, a possibilidade de as comunas serem revolucionadas não pelo capitalismo, mas pelo socialismo. [...] Com a intensificação da comunicação social e a modernização dos métodos de produção, o sistema de comunas rurais poderia ser incorporado numa sociedade socialista. Em 1882, isso ainda se afigurava para Marx como uma genuína alternativa à completa desintegração da *obstschina* sob o impacto do capitalismo".

[78] Depois da reforma emancipatória de 1861, os camponeses puderam adquirir a terra, mas somente por meio do pagamento de alguma indenização na forma de tributos.

[79] Karl Marx, "Carta a Vera Zasulitch. Terceiro esboço", cit., p. 110.

[80] Idem.

os "ramos do sistema capitalista ocidental [...], sem desenvolver de nenhum modo as capacidades produtivas da agricultura", com o resultado de haver criado as condições para "o enriquecimento de um novo parasita capitalista que sugava o sangue já tão anêmico da 'comuna rural'"[81].

Marx chegou à conclusão de que a alternativa vislumbrada pelos populistas russos era realizável e afirmou que,

> falando em termos teóricos, a "comuna rural" russa pode, portanto, conservar-se, desenvolvendo sua base, a propriedade comum da terra, e eliminando o princípio da propriedade privada, igualmente implicado nela; ela pode tornar-se um ponto de partida direto do sistema econômico para o qual tende a sociedade moderna; ela pode trocar de pele sem precisar se suicidar; ela pode se apropriar dos frutos com que a produção capitalista enriqueceu a humanidade sem passar pelo regime capitalista.[82]

Todavia, essa hipótese, para ser realizada, tinha de "descer da teoria pura à realidade russa"[83]. Para esse fim, Marx se esforçou por investigar a "possibilidade teórica"[84] de evolução da *obschina*, observando que, naquele momento preciso, ela estava

> numa situação única, sem precedente na história. Na Europa, somente ela ainda possui uma forma orgânica, predominante na vida rural de um império imenso. A propriedade comum do solo lhe oferece a base natural da apropriação coletiva, ao passo que seu ambiente histórico, a contemporaneidade com a produção capitalista, oferece-lhe já prontas todas as condições materiais do trabalho cooperativo, organizado em larga escala. Ela pode, portanto, incorporar as conquistas positivas realizadas pelo sistema capitalista sem passar por suas "forcas caudinas", substituindo gradualmente a agricultura parceleira pela agricultura combinada com o auxílio de máquinas [...]; ela poderá tornar-se o *ponto de partida direto* do sistema econômico para o qual tende a sociedade moderna e trocar de pele sem precisar antes cometer suicídio.[85]

Essa alternativa, levando em conta o contexto socioeconômico existente na Rússia, era possível e mais adequada que o "arrendamento capitalizado ao modo

---

[81] Karl Marx, "Carta a Vera Zasulitch. Primeiro esboço", cit, p. 97.
[82] Ibidem, p. 96.
[83] Idem.
[84] Ibidem, p. 90.
[85] Karl Marx, "Carta a Vera Zasulitch. Terceiro esboço", cit., p. 111-2.

inglês"[86]. Todavia, só poderia concretizar-se se "o trabalho coletivo suplant[asse] o trabalho parcelado, origem da apropriação privada". Para que isso ocorresse, eram "necessárias duas coisas: a necessidade econômica de tal transformação e as condições materiais para efetivá-la"[87]. A contemporaneidade da comuna agrícola russa com o capitalismo na Europa oferecia à primeira "todas as condições do trabalho coletivo"[88], e a familiaridade dos camponeses com o *artel*[89] lhes facilitaria a transição para o "trabalho cooperativo"[90].

Quanto à separação existente entre as diversas comunas, que, no plano político, favorecia o caráter despótico da Rússia, tratava-se de "um obstáculo facilmente superável", uma vez que, segundo Marx, podia-se "substituir a *volost*[91], instância governamental, por uma assembleia de camponeses eleitos pelas próprias comunas e servindo de órgão econômico e administrativo dos seus interesses"[92].

A vontade política e a coincidência favorável das épocas históricas constituíam, portanto, os elementos fundamentais para salvar a *obschina*, garantindo tanto sua sobrevivência quanto sua transformação radical. Em outras palavras, embora fosse iminente o advento do capitalismo e suas profundas reviravoltas, a transformação em sentido socialista de uma forma arcaica de comunidade, tal como a *obschina*, era ainda possível, porquanto

> aqui não se trata mais de um problema a resolver; trata-se pura e simplesmente de um inimigo a derrotar. Para salvar a comuna russa é preciso que haja uma revolução russa. [...] Se a revolução acontecer em tempo oportuno, se ela concentrar todas as suas forças para assegurar o livre crescimento da comuna rural, ela logo se desenvolverá como elemento regenerador da sociedade russa e como elemento de superioridade frente aos países submetidos ao regime capitalista.[93]

No ano seguinte, Marx retornou aos mesmos temas. Em janeiro de 1882, no "Prefácio" à nova edição russa do *Manifesto do Partido Comunista*, redigido juntamente com Engels, o destino da comuna rural russa foi associado ao da luta proletária dos países europeus.

---

[86] Idem, "Carta a Vera Zasulitch. Primeiro esboço", cit., p. 100.
[87] Ibidem, p. 98.
[88] Ibidem, p. 99.
[89] Forma coletiva de associação cooperativa de origem tártara, baseada no vínculo da comunidade de sangue, na qual vigora a responsabilidade solidária de seus membros em relação ao Estado e a terceiros. Ver Pier Paolo Poggio, *L'Obščina*, cit., p. 119.
[90] Karl Marx, "Carta a Vera Zasulitch. Primeiro esboço", cit., p. 99.
[91] Tradicional subdivisão administrativa existente na Rússia e na Europa oriental.
[92] Karl Marx, "Carta a Vera Zasulitch. Primeiro esboço", cit., p. 95.
[93] Ibidem, p. 102.

Na Rússia, vemos que, ao lado do florescimento acelerado da velhacaria capitalista e da propriedade burguesa, que começa a desenvolver-se, mais da metade das terras é possuída em comum pelos camponeses. O problema agora é: poderia a *obschina* russa – forma já muito deteriorada da antiga posse em comum da terra – transformar-se diretamente na propriedade comunista? Ou, ao contrário, deveria primeiramente passar pelo mesmo processo de dissolução que constitui a evolução histórica do Ocidente? Hoje em dia, a única resposta possível é a seguinte: se a revolução russa constituir-se no sinal para a revolução proletária no Ocidente, de modo que uma complemente a outra, a atual propriedade comum da terra na Rússia poderá servir de ponto de partida para uma evolução comunista.[94]

Quanto à resposta a Vera Zasulitch, Marx resolveu enviá-la, depois de uma longa reflexão e elaboração, em 8 de março de 1881. Embora tivesse preparado três esquemas da carta, todos muito longos e amplamente desenvolvidos, ele decidiu expedir uma resposta bastante breve, na qual se desculpou por não ter logrado satisfazer a solicitação que lhe fora feita, a saber, a de fornecer "uma explanação sucinta, destinada ao público"[95]. Acrescentou que já assumira o compromisso de intervir sobre a questão – sem, porém, chegar a cumpri-lo – junto ao Comitê de São Petersburgo da organização populista Vontade do Povo (NV)[96].

No entanto, em "algumas linhas", tentou eliminar "qualquer dúvida" de Zasulitch "sobre o mal-entendido acerca de [sua] assim chamada teoria"[97]. Como argumentação, lançou mão da citação sobre a "expropriação dos agricultores", presente na edição francesa de *O capital* – a mesma passagem que ele havia inserido no esboço de carta destinada à redação da "Otétchestvennie Zapíski" – e reiterou que sua análise era "expressamente restrita aos países da Europa ocidental", nos quais se verificara a "transformação de uma forma de propriedade privada numa

---

[94] Karl Marx e Friedrich Engels, *Manifesto Comunista*, cit., p. 73.
[95] "Carta de Karl Marx a Vera Ivanovna Zasulitch", em Karl Marx, *O capital*, Livro I, cit., p. 849. David Riazanov, que foi o primeiro a descobrir e publicar os esboços preliminares da carta de Marx a Zasulitch, sustenta que Marx não respondeu à carta como teria desejado em razão de sua reduzida capacidade de trabalho. Ver *Vera Zasulič und Karl Marx. Zur Einführung*, em Marx--Engels Archiv, I, 1926, p. 309-14. Maximilen Rubel compartilha desse juízo em *Marx, critique du marxisme* (Paris, Payot, 2000), p. 129: "Podemos pensar que foi a doença que o impediu de estender-se mais". Parece mais convincente a tese avançada por Pier Paolo Poggio, em seu estudo intitulado *L'Obščina*, cit., p. 157, segundo a qual, ao contrário, Marx hesitou em "tomar posição firme sobre um tema explosivo, por suas implicações tanto políticas quanto teóricas".
[96] Marx se referia ao órgão executivo de uma organização secreta de populistas, fundada em 1879 a partir de uma dissidência da organização Terra e Liberdade (ZiV), que optara pela luta "terrorista".
[97] "Carta de Karl Marx a Vera Ivanovna Zasulitch", cit., p. 849.

outra forma de propriedade privada". No caso russo, ao contrário, tratava-se de "transformar sua propriedade comunal em propriedade privada"[98]. Esta, por fim, foi a conclusão de seu raciocínio:

> Desse modo, a análise apresentada em *O capital* não oferece razões nem a favor nem contra a vitalidade da comuna rural, mas o estudo especial que fiz dessa questão, sobre a qual busquei os materiais em suas fontes originais, convenceu-me de que essa comuna é a alavanca da regeneração social da Rússia; mas, para que ela possa funcionar como tal, seria necessário, primeiramente, eliminar as influências deletérias que a assaltam de todos os lados e, então, assegurar-lhe as condições normais de um desenvolvimento espontâneo.[99]

Marx assumiu, assim, uma posição dialética, que o levou a não excluir que o desenvolvimento de um novo sistema econômico, baseado na associação dos produtores, pudesse realizar-se através de etapas determinadas e obrigatórias. O que ele negou, porém, foi a necessidade histórica do desenvolvimento do modo de produção capitalista em todas as partes do mundo.

Incomensurável é a distância entre as ricas considerações de Marx sobre o futuro da *obschina* e a equiparação entre socialismo e forças produtivas que, com inflexões nacionalistas e simpatias pelo colonialismo, ganhou espaço tanto no seio da Segunda Internacional e entre os partidos social-democratas como no âmbito do movimento comunista internacional, em nome de um suposto "método científico" de análise social[100].

Esse acontecimento também proporcionou a Marx a ocasião para exprimir sua avaliação sobre as diversas tendências revolucionárias existentes na Rússia da época, voltando sua atenção para os populistas. Estes tinham seu apreço em razão da concretude de seu agir político e porque, na difusão de suas ideias

---

[98] Ibidem, p. 849-50.
[99] Ibidem, p. 850.
[100] Também Engels pode ser considerado culpado pela aceitação passiva do curso da história. Em mais de um de seus escritos, suas palestras ou suas cartas, encontra-se posição semelhante àquela por ele expressa numa missiva a Nikolai Danielson de 24 de fevereiro de 1893: "O processo de substituição de 500 mil *pomeshchiki* (grandes proprietários fundiários) e de 80 milhões de camponeses por uma nova classe de proprietários burgueses só pode consumar-se à custa de terríveis sofrimentos e calamidades atrozes. Mas a história é, no mais das vezes, a mais cruel de todas as deusas. Ela guia seu carro triunfal sobre montanhas de cadáveres não apenas na guerra, mas também durante o 'pacífico' desenvolvimento econômico. E, infelizmente, nós, homens e mulheres, somos tão ineptos que não conseguimos encontrar a coragem necessária para realizar progressos dignos desse nome, a não ser quando somos levados a isso por dores que nos parecem quase incomensuráveis", em MECW, v. 50, p. 112.

políticas, não recorriam a inúteis tons ultrarrevolucionários nem a generalizações contraproducentes.

Numa carta a Friedrich Sorge, escrita no fim de 1880, ele expressou seu juízo sobre algumas organizações socialistas, mostrando que sua avaliação não era de modo algum influenciada pelos vínculos pessoais com seus militantes, tampouco pelos juramentos de fidelidade, expressos em relação a suas teorias. Descreveu assim as forças em campo: "De um lado, temos os críticos (na maioria, jovens professores universitários e também alguns jornalistas políticos, em parte ligados a mim por amizade); do outro, o Comitê Central terrorista", ou seja, os populistas da Vontade Popular. Marx escreve a Sorge que o caráter pragmático do programa dessa organização, que ele avaliava positivamente, havia provocado "ira considerável" entre muitos que aderiam ao primeiro grupo, ou seja, entre os militantes da Repartição Negra – incluindo Vera Zasulitch e Georgi Plekhanov (1856-1918), um dos primeiros "marxistas" russos –, que Marx qualificava como "anarquistas"[101].

Sobre esse bloco, em sua maioria composto por pessoas que haviam deixado a Rússia por escolha pessoal, ele comentou ironicamente:

> Ao contrário dos terroristas, que arriscam a pele, esses homens – a maioria dos quais (mas não todos) deixou a Rússia por vontade própria – constituem o chamado Partido da Propaganda (para fazerem propaganda na Rússia, eles se mudam para Genebra: que quiproquó!). Esses senhores são contrários a toda e qualquer ação político-revolucionária. A Rússia deveria dar um salto mortal para o milênio anarcocomunista-ateísta! Enquanto isso, preparam esse salto com um doutrinarismo entediante.[102]

Numa carta à filha Jenny, datada de abril de 1881, Marx voltou a estigmatizar a postura daqueles intelectuais que se haviam mudado para a Suíça: "Os refugiados russos em Genebra [...] são meros doutrinários, confusos anarcossocialistas, e sua influência sobre o 'teatro de guerra' russo é igual a zero".

Enfim, comentando os processos penais contra os autores dos atentados de São Petersburgo, dos quais aprovava a posição política e os métodos de propaganda, acrescentou:

> São pessoas de valor, sem poses melodramáticas, simples, concretas, heroicas. Gritar e agir são opostos irreconciliáveis. O Comitê Executivo de São Petersburgo[103], que sempre age com tanto vigor, publica manifestos de refinada "moderação".

---

[101] "Karl Marx to Friedrich Adolph Sorge", 5 de novembro de 1880, em MECW, v. 46, p. 45.
[102] Ibidem, p. 45-6.
[103] Marx refere-se à organização populista Vontade Popular. Ver, neste capítulo, nota 96.

Está muito distante [daqueles] que pregam o tiranicídio como "teoria" e "panaceia" [...]. Estes, ao contrário, esforçam-se por ensinar à Europa que seu *modus operandi* é especificamente russo, que é um modo de agir historicamente inevitável em relação ao qual não há como dar uma de moralista – a favor nem contra.[104]

As avaliações de Marx acerca da plausibilidade do desenvolvimento do socialismo na Rússia não tiveram como fundamento, portanto, apenas a situação econômica reinante naquele país. Em 1881, o contato com os populistas russos, tal como ocorrera uma década antes com os *communards* parisienses, contribuiu para o amadurecimento de uma nova convicção: além da possível sucessão dos modos de produção no curso da história, também a irrupção dos eventos revolucionários e as subjetividades que os determinam passaram a ser avaliadas com mais elasticidade. Tratava-se, de fato, do ponto de chegada a um verdadeiro internacionalismo em escala global, não mais apenas europeia[105].

A concepção multilinear atingida no período de sua plena maturação intelectual impôs a Marx dedicar atenção ainda maior às especificidades históricas e ao desenvolvimento desigual das condições políticas e econômicas entre países e contextos sociais diferentes, o que certamente contribuiu para aumentar as dificuldades ao longo do percurso, já acidentado, da finalização dos livros restantes de *O capital*.

Entretanto, Marx não alterou o perfil da sociedade comunista que, embora sem jamais cair em utopismos abstratos, ele havia delineado a partir dos

---

[104] "Karl Marx to Jenny Longuet", 11 de abril de 1881, em MECW, v. 46, p. 83. Sobre as simpatias populistas de Marx, ver também o testemunho de Nikolai Morozov (1854-1946), que fez o seguinte relato de uma conversa que teve com ele, em dezembro de 1880, na qual Marx se declarou "muito interessado [...] nas ações da Vontade Popular [... e] disse que a luta [dessa organização] contra a autocracia lhe parecia [...] uma fábula, uma história extraída de um romance fantástico". Nikolai Morozov, em Instituto do Marxismo-Leninismo (org.), *Reminiscences of Marx and Engels* (Moscou, Foreign Languages Publishing House, 1957), p. 302.

[105] No volume *Le repliche della storia. Karl Marx tra la Rivoluzione francese e la critica della politica* (Turim, Bollati Boringuieri, 1989), Bruno Bongiovanni convida a não "supervalorizar o horizonte da política internacional ao fazer a interpretação do itinerário intelectual de Marx [...] em relação à Rússia". Para ele, "com base no conjunto dos escritos de Marx, pode-se deduzir que ele tinha amadurecido a convicção de que os eventos se sucederiam na seguinte ordem: "Guerra contra a Rússia, derrota militar da Rússia, revolução russa (não socialista, mas jacobina), ausência (temporária ou permanente?) dos gendarmes reacionários da Europa, transformação socialista na Europa [...], retorno da revolução na Rússia, quando, somente então, a *obschina* poderia ser utilizada na transição ao socialismo", (ibidem, p. 201-2). Todavia, aquilo que Bongiovanni define como "mecânica do desenvolvimento da revolução" atenua-se muito nas reflexões do último Marx. A revolução não deve, por força das circunstâncias, iniciar-se na Europa e chegar à Rússia apenas no "segundo *round*" (ibidem, p. 212).

Grundrisse[106]. Conduzido pela dúvida[107] e pela hostilidade aos esquematismos do passado e a novos dogmatismos que começavam a nascer em seu nome, ele considerou possível a eclosão da revolução em condições e formas até então jamais vislumbradas.

O futuro estava nas mãos da classe trabalhadora e de sua capacidade de determinar profundas transformações sociais por meio de suas próprias organizações e travando suas próprias lutas.

---

[106] De modo correto, ainda que com um "irreversivelmente" que seria dispensável, Bongiovanni afirma que "a *Gemeinschaft* [comunidade], em última instância, não pode transubstanciar-se milagrosamente em socialismo sem a presença – esta, sim, irreversivelmente emancipadora – da *Gesellschaft* [sociedade]". Bruno Bongiovanni, *Le repliche della storia*, cit., p. 189.

[107] Durante toda a vida, Marx permaneceu fiel a seu mote preferido: "*De omnibus dubitandum*" [é preciso duvidar de tudo]; ver Karl Marx, "Confession", em MECW, v. 42, p. 568.

III
Os tormentos do "velho Nick"

1. A primeira difusão de *O capital* na Europa

Em 1881, Marx ainda não era a indubitável referência teórica do movimento operário internacional que se tornaria no século XX.

No decurso dos anos 1840, era muito limitado o número de dirigentes políticos e intelectuais a ele vinculados, e aquilo que as polícias internacionais e seus adversários haviam definido como "partido Marx"[1] era composto por poucos militantes. As coisas não mudaram para melhor na década seguinte, quando, em seguida à derrota das revoluções de 1848, só podiam ser considerados "marxianos"[2] os integrantes de um grupo restrito de exilados, na maioria estabelecidos na Inglaterra.

O desenvolvimento da Associação Internacional dos Trabalhadores e a conquista do poder pela Comuna de Paris, que repercutiu por toda a Europa depois de 1871, alteraram essa situação, conferindo a Marx certa notoriedade e promovendo uma discreta difusão de seus escritos.

Além disso, *O capital* começara a circular tanto na Alemanha, onde fora reimpresso em 1873, quanto na Rússia, onde fora traduzido no ano anterior, e na França, onde foi publicado em fascículos, de 1872 a 1875. Todavia, também nesses países as ideias de Marx tiveram de competir, por longo tempo e em posição minoritária, com as de outros socialistas que lhe eram contemporâneos.

---

[1] Essa expressão foi usada pela primeira vez em 1846, a propósito das divergências entre Marx e o comunista alemão Wilhelm Weitling (1808-1871), sendo empregada depois disso também nos debates do processo de Colônia contra os comunistas, em 1852. Ver Maximilien Rubel, *Marx, critique du marxisme* (Paris, Payot, 2000), p. 26, nota 2.

[2] O termo surge pela primeira vez em 1854. Ver Georges Haupt, *L'internazionale socialista dalla comune a Lenin* (Turim, Einaudi, 1978), p. 140, nota 4.

Na Alemanha, o programa do Congresso de Gotha, com base no qual foi realizada, em 1875, a fusão entre o Partido Social-Democrata dos Trabalhadores da Alemanha (SDAP), ligado a Marx, e a Associação Geral dos Trabalhadores Alemães (ADAV), fundada por Ferdinand Lassalle (1825-1864), era predominantemente marcado pelas posições deste último.

Na França, como também na Bélgica, as teorias de Pierre-Joseph Proudhon eram mais difundidas no seio da classe operária que as de Marx, e os grupos que se inspiravam neste não eram muito superiores, em número e iniciativa política, àqueles que seguiam o revolucionário Louis-Auguste Blanqui.

Na Rússia, num cenário econômico, social e político muito distinto do europeu, a situação era ainda mais complexa, porquanto a crítica marxiana ao modo de produção capitalista era lida e interpretada num país que estava em condições sociais e econômicas muito atrasadas e bem distantes do modelo de desenvolvimento capitalista europeu.

Apesar dos progressos alcançados nesses três países, Marx continuava quase totalmente desconhecido na Inglaterra[3], e seus escritos encontravam grande dificuldade de circulação na Itália, na Espanha e na Suíça, onde, nos anos 1870, Mikhail Bakunin (1814-1876) passara a exercer influência superior à sua. Muito pouco, enfim, se conhecia de Marx do outro lado do oceano.

Somava-se a isso a incompletude de sua obra, a começar por *O capital*. De modo emblemático, quando interrogado por Karl Kautsky, justamente em 1881, acerca da oportunidade de uma edição completa de seus textos, Marx respondeu sarcasticamente: "Eles teriam primeiro de ser escritos"[4].

Portanto, embora não tenha vivido a época da consagração global de suas ideias, em seus últimos anos Marx foi testemunha de um interesse cada vez maior, em muitos países europeus, por suas teorias – especialmente as contidas em seu *magnum opus*.

A crescente difusão do pensamento marxiano e a ampliação dos consensos em torno de sua pessoa provocaram reações contrastantes. Como Friedrich Engels declarou a Eduard Bernstein, numa carta escrita no fim de 1881, entre as fileiras

---

[3] Henry Hyndman observou corretamente que, "por volta de 1880, Marx era literalmente desconhecido do público inglês, quando não conhecido como um sujeito perigoso, lunático promotor da revolução e, enquanto chefe da Internacional, um dos responsáveis pela terrível Comuna de Paris, na qual nenhum homem de bem podia pensar sem sentir horror e pânico" (*The Record of an Adventurous Life*, Nova York, Macmillan, 1911, p. 249-50).

[4] Benedikt Kautsky (org.), *Friedrich Engels' Briefwechsel mit Karl Kautsky* (Viena, Danubia, 1955), p. 32. Ver Marcello Musto, *Ripensare Marx e i marxismi* (Roma, Carocci, 2011), p. 189-98.

do movimento operário também se manifestavam sentimentos de "ciúme em relação a Marx"[5].

A vida da Federação do Partido dos Trabalhadores Socialistas da França (FPTSF), por exemplo, foi marcada pelo conflito interno entre suas duas correntes principais: a "possibilista", capitaneada pelo socialista e ex-anarquista Paul Brousse (1844-1912), e outra, mais próxima das ideias de Marx, liderada por Jules Guesde (1845-1922).

No período que antecedeu a inevitável cisão, após a qual, em 1882, formaram-se dois novos partidos – Federação dos Trabalhadores Socialistas da França (FTST), de tendência reformista, e Partido Operário Francês (POF), primeiro partido "marxista" da França –, os dois grupos deram início a uma duríssima batalha ideológica. Esta envolveu, inevitavelmente, o próprio Marx, que, em junho de 1880, havia redigido, juntamente com Guesde e Lafargue, o *Programa eleitoral dos trabalhadores socialistas*, isto é, a plataforma política da esquerda francesa.

Nesse clima, Brousse e, com ele, Benoît Malon (1841-1893), *communard* e escritor socialista, lançaram mão de todos os meios para desacreditar as teorias de Marx. Comentando as ásperas polêmicas deles, Engels criticou Malon, que "se esforçava por atribuir a outros (Lassalle, Schäffle e até mesmo De Paepe!) a paternidade das descobertas de Marx", e voltou-se contra os editores do semanário *Le Prolétaire*, que acusavam Guesde e Lafargue de serem os porta-vozes de Marx e "de quererem vender os operários franceses aos prussianos e a Bismarck"[6].

Engels interpretou a divergência entre Malon e Brousse como um sentimento mais geral de chauvinismo:

> A maior parte dos socialistas franceses fica horrorizada com o pensamento de que a nação que faz o mundo feliz com as ideias francesas e que detém o monopólio dessas ideias e Paris, centro do Iluminismo, precisem, de uma hora para a outra, receber já prontas suas ideias socialistas de um alemão, Marx. Porém, é assim que as coisas se dão, e Marx é de tal modo superior a todos nós, por seu gênio, por sua conscienciosidade científica – quase excessiva – e por sua fabulosa erudição, que qualquer um que, hoje, queira criticar suas descobertas corre o risco de queimar os dedos. Isso é algo que deve ser deixado a uma época futura.[7]

Além de não compreender "como alguém pode sentir inveja do gênio", Engels salientou que

---

[5] "Friedrich Engels to Eduard Bernstein", 25 de outubro de 1881, em Karl Marx e Friedrich Engels, *Collected Works* (doravante MECW) (Moscou, Progress, 1975-2004, 50 v.), v. 46, p. 146.
[6] Ibidem, p. 146.
[7] Idem.

o que mais irrita[va] os detratores mesquinhos, que não contam para nada, embora gostem de se imaginar muito importantes, é o fato de que Marx, graças a seus resultados teóricos e práticos, alcançou uma posição que lhe assegura a plena confiança dos melhores elementos do movimento operário nos diversos países. Em *conjunturas críticas*, é a Marx que eles se dirigem em busca de conselhos – e, em geral, comprovam que seu conselho é o melhor. Ele ocupa essa posição na Alemanha, na França e na Rússia, para não falar de países menores. Portanto, não é M[arx] quem impõe aos outros sua opinião, e muito menos sua vontade; são os outros que vão até ele por iniciativa própria. E é precisamente nisso que se baseia a particular influência de M[arx], influência da mais alta importância para o movimento.[8]

Na realidade, contrariamente ao que afirmavam Brousse e seus sequazes, Marx não nutria nenhuma hostilidade especial contra eles. Na mesma carta a Bernstein, Engels esclarece que "a postura de Marx [...] em relação aos franceses [era] a mesma adotada diante de outros movimentos nacionais" com que, "quando val[ia] a pena e se apresenta[va] a ocasião", permanecia em "contato constante". Concluindo suas reflexões sobre a questão, Engels quis ressaltar que qualquer tentativa de influenciar a opinião dos dirigentes políticos diretamente envolvidos só causaria danos e "destruir[ia] a antiga confiança dos tempos da Internacional"[9].

Na França, além de Guesde e Lafargue, Marx mantinha contato com outros militantes. No início de 1881, informou ao genro Charles Longuet que fora procurado por Édouard Fortin (?), militante socialista e jornalista francês:

> Escreveu-me diversas cartas, referindo-se a mim como "meu caro mestre". Seu pedido é bem modesto. Enquanto estuda *O capital*, gostaria de fazer resumos mensais, que, depois, gentilmente enviaria para mim. Todo mês eu corrigiria e esclareceria os pontos que ele pudesse ter interpretado erroneamente. Com esse simples procedimento [...] ele teria um manuscrito pronto para a publicação e – como diz – "inundaria a França com torrentes de luz".[10]

Absorvido por questões de maior relevância, Marx não pôde atender a esse pedido e comunicou a seu correspondente que, "por falta de tempo, não po[deria] atender a sua solicitação"[11]. O projeto, portanto, não foi levado adiante; mais tarde, porém, Fortin traduziu *O 18 de brumário de Luís Bonaparte*, publicado em francês em 1891.

---

[8] Ibidem, p. 149.
[9] Ibidem, p. 149-50.
[10] "Karl Marx to Charles Longuet", 4 de janeiro de 1881, em MECW, v. 46, p. 55.
[11] Idem.

Um compêndio de *O capital* – o terceiro, depois do de Johann Most[12] (1846--1906), de 1873, e do de Carlo Cafiero[13] (1846-1892), de 1879 – foi editado em holandês em 1881[14], com a seguinte dedicatória de seu autor, Ferdinand Nieuwenhuis: "A Karl Marx, arguto pensador, nobre combatente pelos direitos do proletariado, o autor dedica esta obra, como sinal da mais alta estima"[15] – atestado de um reconhecimento que, embora lentamente, começava a difundir-se em relação à obra de Marx em diversos países europeus.

Por ocasião da segunda edição do volume, Nieuwenhuis dirigiu-se a Marx, solicitando-lhe sugestões acerca de algumas mudanças que pretendia inserir no texto. Marx respondeu-lhe em fevereiro, avaliando positivamente o trabalho realizado, e comentou: "As variações que me parecem necessárias dizem respeito a uma série de detalhes, mas o principal – seu espírito – já está presente"[16].

Naquela mesma carta, estavam contidas algumas notícias de outra publicação relacionada a Marx: uma biografia sua, publicada na Holanda, em 1879, pelo jornalista liberal Arnoldus Kerdijk (1846-1905), num dos volumes da série *Os homens importantes de nossos dias* (1870-1912). Antes disso, o editor, Nicolaas Balsem (1835-1884), entrara em contato com Marx, "solicitando-lhe material" para redigir seu perfil e dizendo que, embora não "partilha[sse] de [suas] opiniões, reconhec[ia] sua importância". Marx, que "costum[ava] recusar coisas desse tipo", não atendeu ao pedido. E, quando leu o texto e ali encontrou a acusação de "ter falsificado intencionalmente algumas citações", ficou muito zangado. Arquivado o caso, comunicou a Nieuwenhuis:

> Um jornal holandês ofereceu-me sua coluna [para que eu escrevesse uma réplica], mas tenho por princípio não responder a essas picadas de percevejo. Jamais, nem mesmo em Londres, dei atenção a latidos literários desse tipo. Do contrário, eu acabaria por desperdiçar a maior parte de meu tempo redigindo réplicas por toda parte, da Califórnia a Moscou. Quando eu era mais jovem, reagi algumas vezes de modo veemente, mas juntamente com a idade chega a sabedoria, ao menos para impedir um dispêndio inútil de energia.[17]

---

[12] Ver Johann Most, *Kapital und Arbeit: Ein Populärer Auszug aus "Das Kapital" von Karl Marx* (Chemnitz, 1873), em MEGA², v. II/8, p. 735-800.
[13] Carlo Cafiero, *Il Capitale di Carlo Marx brevemente compendiato da Carlo Cafiero*. Livro I: *Sviluppo della Produzione Capitalistica* (Milão, E. Bignami e C. Editori, 1879).
[14] Ferdinand Domela Nieuwenhuis, *Kapitaal en Arbeid* (Haia, s.e., 1881).
[15] Ibidem, p. 3.
[16] "Karl Marx to Ferdinand Nieuwenhuis", 22 de fevereiro de 1881, em MECW, v. 46, p. 65.
[17] Ibidem, p. 66.

Marx chegara a essa conclusão já havia alguns anos, como comprovam suas declarações numa entrevista publicada no jornal *The Chicago Tribune*, em 5 de janeiro de 1879: "Se eu fosse responder a tudo o que foi dito e escrito sobre mim, teria de contratar vinte secretários"[18].

Engels partilhava plenamente dessa decisão. Numa carta a Kautsky, um pouco anterior à de Marx a Nieuwenhuis, ele assumira a mesma postura em relação a episódios semelhantes ocorridos na Alemanha. Quanto à enorme quantidade de inexatidões e mal-entendidos que o economista alemão Albert Schäffle e outros "socialistas de cátedra"[19] haviam expressado ao escrever sobre a obra de Marx, afirmou:

> Acredito que seja uma absoluta perda de tempo [...] refutar todas as horrendas tolices que Schäffle, sozinho, reuniu em seus numerosos e alentados volumes. A retificação de todas as citações falsas de *O capital* feitas entre aspas por esses senhores já bastaria, por si só, para encher um livro de grandes dimensões.[20]

Engels concluiu, peremptoriamente: "Deveriam aprender a ler e copiar, antes de pretender receber uma resposta a suas perguntas"[21].

Além dos erros devidos a péssimas interpretações ou imprecisões e, naturalmente, do ostracismo político a que, com frequência, estava submetida, a obra de Marx sofreu também tentativas de sabotagem. Numa carta escrita a Nikolai Danielson em fevereiro, depois da leitura de seu artigo "Notas sobre nossa economia social pós-reforma" (publicado na revista *Slovo*, em outubro de 1880), que ele julgara "'original' no melhor sentido do termo", Marx recordou ao colega que,

> quando se afasta do costumeiro dualismo, o raciocínio sofrerá sempre, logo de saída, um "boicote": é a única arma de defesa que os rotineiros sabem manejar diante da primeira perplexidade. Na Alemanha, fui "boicotado" por muitos e muitos anos, e, hoje, continuo a sê-lo na Inglaterra, com a pequena variante de que, de tempos em tempos, aqui lançam-se contra mim juízos tão absurdos e estúpidos que revelá-los publicamente já bastaria para fazer-me enrubescer.[22]

---

[18] ["Account of Karl Marx's Interview with The Chicago Tribune Correspondent",] 5 de janeiro de 1879, em MECW, v. 24, p. 577.
[19] "Friedrich Engels to Karl Kautsky", 1º de fevereiro de 1881, em MECW, v 46, p. 56.
[20] Ibidem, p. 57.
[21] Idem.
[22] "Karl Marx to Nikolai Danielson", 19 de fevereiro de 1881, em MECW, v. 46, p. 61.

Seja como for, na Alemanha, nos últimos anos, seu *magnum opus* continuara sendo vendido discretamente, de modo que, em outubro de 1881, com o esgotamento da reimpressão de 1872, o editor Otto Meissner (1819-1902) solicitou a Marx a realização de correções ou acréscimos a fim de preparar a terceira edição.

Dois meses depois, Marx confessou ao amigo Sorge que "a coisa surgi[a] num momento [...] muito inoportuno"[23]. De fato, como escrevera pouco antes à filha Jenny, ele gostaria de "dedicar todo o tempo, tão logo se sentisse novamente em condições de fazê-lo, exclusivamente ao término do segundo volume"[24]. E repetiu a mesma coisa a Danielson: "Gostaria de terminar o segundo volume o mais rápido possível", acrescentando:

> Entrarei em acordo com o meu editor para fazer o mínimo possível de correções e acréscimos nessa terceira edição, solicitando-lhe a impressão de apenas mil exemplares, não de 3 mil, como era sua intenção. Tão logo estes estejam vendidos [...], poderei revisar o texto como o faria agora, se as circunstâncias fossem outras.[25]

As ideias de Marx começaram a difundir-se, ainda que mais lentamente que em outros lugares, também no país em que ele residia desde 1849. Em junho de 1881, Henry Hyndman publicou o livro *England for All* [Inglaterra para todos], no qual expôs os princípios daquilo que, para ele, deveria ser o projeto político da federação democrática. Dois dos oito capítulos que o compunham, respectivamente intitulados "Trabalho" e "Capital", foram montados com a tradução de alguns trechos de *O capital* ou com paráfrases de algumas de suas partes. Entretanto, o autor, que desde o fim de 1880 começara a frequentar regularmente a Maitland Park Road[26] e trabalhava num artigo dedicado à exposição das teorias de Marx, não mencionou o nome de Marx nem citou *O capital*. Hyndman

---

[23] "Karl Marx to Friedrich Sorge", 15 de dezembro de 1881, em MECW, v. 46, p. 129.
[24] "Karl Marx to Jenny Longuet", 7 de dezembro de 1881, em MECW, v. 46, p. 158.
[25] "Karl Marx to Nikolai Danielson", 13 de dezembro de 1881, em MECW, v. 46, p. 161.
[26] Marx sempre fora bastante crítico em relação ao "pedante" Hyndman, como demonstram diversas referências a ele em sua correspondência. Veja-se, por exemplo, o que ele escreve a Jenny Longuet, em 11 de abril de 1881: "Anteontem [...] sofremos uma invasão de Hyndman e sua mulher, ambos dotados de grande capacidade de não arredar pé. A mulher me é muito simpática, devido a seu modo brusco, não convencional e decidido de pensar e falar, mas é cômico ver como ela fica embevecida com cada palavra de seu marido fátuo e tagarela!" (MECW, v. 46, p. 82). Alguns meses depois do desentendimento que pôs fim à relação, Marx comentou com Friedrich Sorge: "Esse sujeito me surrupiou muitas noites, fazendo-me falar e, assim, aprendendo do modo mais fácil" ("Karl Marx to Fridrich Sorge", 15 de dezembro de 1881, cit., p. 163).

limitou-se a declarar, na última frase de seu breve prefácio: "Pelas ideias e por muitas das questões contidas nos capítulos II e III, devo muito ao trabalho de um grande pensador e escritor original, que – estou certo disso – em breve se tornará acessível à maioria dos meus compatriotas"[27].

Marx, que só tomou consciência desse trabalho depois da publicação, ficou atônito e contrariado porque, entre outras coisas, as citações não vinham "indicadas entre aspas nem separadas do resto do texto, que, além disso, apresenta[va] inúmeras inexatidões, dando ensejo a diversos mal-entendidos". Foi assim que, no início de julho, ele redigiu estas palavras:

> Confesso que fiquei bastante surpreso ao descobrir que [...] o senhor manteve rigorosamente em segredo o projeto – depois desenvolvido e realizado – de publicar, com algumas modificações, o artigo recusado pela revista *The Nineteenth Century* como capítulos II e III de *England for All*, ou seja, como seu programa de fundação da federação.[28]

Marx voltou a falar da desavença com Hyndman numa carta a Sorge, escrita no fim de 1881, em que relata as "as razões absolutamente ridículas"[29] que o socialista londrino fornecera como justificativa de seu comportamento:

> Esse senhor me escreveu estúpidas cartas de desculpas, afirmando, por exemplo, que "os ingleses não gostam de ser ensinados por estrangeiros", que "meu nome era de tal forma detestado" etc. Apesar de tudo isso, seu opúsculo – ao menos nas partes em que surrupia *O capital* – faz boa propaganda, ainda que o autor seja um tipinho "fraco" que está muito longe de ter pelo menos a paciência (primeiro pressuposto de toda aprendizagem) para estudar a fundo uma matéria qualquer.[30]

---

[27] Henry Hyndman, *England for All* (Nova York, Barnes & Noble, 1974), p. xxxviii.

[28] "Karl Marx to Henry Mayers Hyndman" (rascunho de 2 julho de 1881, conservado por Marx), em MECW, v. 46, p. 102. Mais tarde, Hyndman, dando provas de sua medíocre estatura humana e de seu caráter infantil, confessou: "Destruí a maioria das cartas que Marx me enviou, depois de nossas [sic!] divergências" (Henry Hyndman, *The Record of an Adventurous Life*, cit., p. 259-60). Jenny von Westphalen já havia previsto tudo isso, quando, em 2 de julho de 1881, escreveu à filha Laura: "Sábado, Hyndman, cabisbaixo, foi atingido em cheio por um poderoso petardo. Não creio que tornará pública a carta. Está formulada com grande rispidez, mas com tal argúcia que a cólera quase não se deixa transparecer. Penso que, em sua redação, o Mouro acertou a mão de forma muito feliz" (em Yvonne Kapp, *Eleanor Marx: Family Life 1855-1883*, v. 1, Londres, Virago, 1979, p. 211).

[29] "Karl Marx to Henry Mayers Hyndman" (rascunho de 2 julho de 1881, conservado por Marx), cit., p. 103.

[30] "Karl Marx to Friedrich Sorge", 15 de dezembro de 1881, cit., p. 162.

Esse episódio provocou a ruptura entre os dois, e Marx rotulou Hyndman como um típico "escritor burguês ávido por obter imediatamente dinheiro, fama ou capital político com qualquer ideia nova em que tenha esbarrado por pura sorte"[31].

A dureza das palavras de Marx não se devia, decerto, a uma desilusão pelo fato de não ter sido citado, já que ele permanecia

> decididamente convencido de que citar *O capital* e seu autor teria sido um erro grosseiro. Nos programas de partido [seria] preciso evitar tudo aquilo que deixa supor uma dependência clara de um autor ou de um livro. Permita-me acrescentar que tampouco se trata do local adequado para expor novas elaborações científicas como aquelas que o senhor tomou de empréstimo a *O capital*, as quais estão absolutamente fora de lugar na exposição de um programa com cujos objetivos declarados elas nada têm em comum. Talvez a introdução dessas elaborações fosse adequada à exposição de um programa para a fundação de um partido operário autônomo e independente.[32]

Sua hostilidade, junto à reação à falta de modos de Hyndman, tinha, antes de mais nada, uma motivação: impedir que *O capital* fosse utilizado para um projeto político em franco contraste com as ideias nele contidas[33].

As diferenças políticas entre Marx e Hyndman eram, de fato, profundas. Este último era avesso à ideia de que o poder deveria ser conquistado por meio de uma ação revolucionária; optava, ao contrário, por uma posição que depois caracterizaria o reformismo inglês, qual seja, a de que as mudanças pudessem ser realizadas por via pacífica e gradual. Em fevereiro de 1880, numa carta a

---

[31] Ibidem, p. 163. Posteriormente, Hyndman contatou Engels, que lhe escreveu no fim de março de 1882: "Ficarei muito feliz em conhecê-lo pessoalmente, assim que o senhor se puser em bons termos com meu amigo Marx, que, pelo que vejo, agora o senhor pode permitir-se citar" ("Friedrich Engels to Henry Mayers Hyndman", 31 de março de 1882, em MECW, v. 46, p. 228). Marx comentou: "Foi bom que sua breve carta o tenha irritado, visto que ele só tomou tais liberdades comigo porque contava com o fato de que, por 'motivos de propaganda', eu não poderia comprometê-lo em público" ("Karl Marx to Friedrich Engels", 8 de abril de 1882, em MECW, v. 46, p. 234).

[32] "Karl Marx to Henry Mayers Hyndman" (rascunho de 2 julho de 1881, conservado por Marx), cit., p. 103.

[33] Ver Émile Bottigelli, "La rupture Marx-Hyndman", em *Annali dell'Istituto Giangiacomo Feltrinelli*, v. 3 (Milão, Feltrinelli, 1961), p. 625: "As causas da ruptura não são razões pessoais nem se devem às ambições de um autor frustrado. [...] Elas são uma tomada de posição teórica, com a qual Marx anunciava à Federação Democrática e a um de seus principais fundadores que entre ele e aquela iniciativa não havia nada em comum".

Marx, escreveu que "todo homem inglês deveria iniciar a próxima mobilização política e social sem deflagrar conflitos problemáticos e perigosos"[34]. A réplica viria no fim de 1880: radicalmente contrário a qualquer esquematismo preconcebido, Marx lhe esclarece que seu "partido considera[va] uma revolução inglesa não como necessária, mas, de acordo com os precedentes históricos, possível". A expansão do proletariado tornara "inevitável" uma "evolução" da questão social; mas, se essa evolução

> se transformará em revolução, isso é algo que dependerá não só das classes dominantes, mas também da classe operária. Toda concessão pacífica das classes dominantes lhes foi arrancada por uma "pressão externa". Sua ação seguiu os passos dessa pressão e, se esta última se enfraqueceu cada vez mais, foi apenas porque a classe operária inglesa não sabe como exercer a própria força nem como fazer uso das próprias liberdades, duas coisas que ela possui legalmente.[35]

A essa apreciação da realidade inglesa seguiu-se uma comparação com o que ocorria na Alemanha. Em seu país natal, de fato,

> a classe operária estava plenamente consciente, desde o início de seu movimento, de que só seria possível livrar-se do despotismo militar por meio de uma revolução. Ao mesmo tempo, eles [os operários alemães] compreenderam que tal revolução, ainda que inicialmente bem-sucedida, acabaria, no fim, por voltar-se contra eles, caso lhes faltasse uma organização previamente existente, para aquisição de conhecimentos, propaganda [...]. Razão pela qual eles se moveram dentro de limites estritamente legais. A ilegalidade partiu inteiramente do governo, que os declarou fora da lei. Seus crimes não consistiam em fatos, mas em opiniões desagradáveis aos governantes.[36]

Dessas considerações, uma vez mais, extrai-se a confirmação de que, para Marx, a revolução não era uma simples e rápida derrubada do sistema, mas um processo longo e complexo[37].

---

[34] "Henry Hyndman to Karl Marx", 25 de fevereiro de 1880, International Institute of Social History (IISH), *Papers*. Grande parte das cartas do socialista inglês jamais foi publicada. Algumas delas foram citadas em Chushichi Tsuzuki, *H. M. Hyndman and British Socialism* (Londres, Oxford University Press, 1961). A presente carta é mencionada na p. 34.

[35] "Karl Marx to Henry Mayers Hyndman", 8 de dezembro de 1880, em MECW, v. 46, p. 49.

[36] Idem.

[37] A propósito, vejam-se as declarações de Marx relatadas por Mountstuart Elphinstone Grant Duff, que o encontrou no início de 1879. O nobre inglês o provocou, afirmando: "Bom, admitamos que sua revolução tenha ocorrido e o senhor tenha formado seu governo republicano;

As ideias de Marx, ainda que geradoras de polêmicas e confrontos tão ásperos, começavam a produzir efeitos também na Inglaterra, como Marx afirmaria numa carta a Sorge, no fim de 1881: "Nos últimos tempos, os ingleses estão tomando cada vez mais consciência de *O capital*".

Em outubro, de fato, *The Contemporary Review* publicara um artigo intitulado "O socialismo de Karl Marx e os jovens hegelianos"[38], que Marx definiu como "lacunar e repleto de erros", embora reconhecesse que representava sinal de interesse. Sarcasticamente, acrescentou que o artigo era "honesto", porquanto seu autor, John Rae (1845-1915), "não pressup[ôs] que, ao longo desses quarenta anos que passei difundindo minhas perniciosas teorias, fui guiado por 'más' intenções". E concluiu, com ironia: "Devo louvar sua magnanimidade!".

Apesar desse contexto mais favorável, o comentário de Marx sobre a qualidade de todas essas publicações foi lapidar: "A correção de familiarizar-se um mínimo que seja com o objeto de sua crítica parece ser algo totalmente desconhecido às penas de aluguel do filistinismo britânico"[39].

Outra revista inglesa, *Modern Thought*, reservou a Marx um tratamento mais respeitoso e propenso a reconhecer o rigor científico de seu trabalho. No número de dezembro, o jornalista e advogado Ernest Belfort Bax (1854-1926) escreveu um artigo em que definia *O capital* como "a realização de uma doutrina em economia que, por seu caráter revolucionário e sua importância em larga escala, poderia ser comparada ao sistema copernicano na astronomia ou à lei da gravidade na mecânica"[40].

Auspiciando o quanto antes uma tradução em inglês, Bax não só sustentou que *O capital* era "um dos livros mais importantes do século", como elogiou o estilo de Marx – "só igualado pelo de Schopenhauer" – por seu "fascínio e vivacidade", seu "humor" e sua capacidade de apresentar de modo "legível e compreensível os princípios mais abstratos"[41].

---

o caminho ainda é longo, longuíssimo, antes de se realizarem suas ideias e a de seus amigos". Marx respondeu: "Sem dúvida, mas todos os grandes movimentos avançam lentamente. Seria apenas um passo em direção à melhoria das coisas, assim como vossa revolução de 1688 [a segunda Revolução Inglesa] foi apenas um passo de nossa caminhada" ("Sir Mountstuart Elphinstone Grant Duff's Account of a Talk with Karl Marx: From a Letter to Crown Princess Victoria", em MECW, v. 24, p. 580).

[38] John Rae, "The Socialism of Karl Marx and the Young Hegelians", *The Contemporary Review*, v. 40, jul.-dez. 1881, p. 587-607.
[39] "Karl Marx to Friedrich Sorge", 15 de dezembro de 1881, cit., p. 162.
[40] Ernest Belfort Bax, "Leaders of Modern Thought: XXIII. Karl Marx", *Modern Thought*, v. 3, n. 2, dez. 1881, p. 349.
[41] Ibidem, p. 354.

Marx comentou, satisfeito, que essa era a "primeira publicação inglesa desse gênero a apresentar entusiasmo real pelas novas ideias e a opor-se corajosamente ao filistinismo britânico". Reconheceu que havia, era verdade, "muitos erros e incompreensões [...] nas exposições de [suas] principais teorias econômicas e [... nas] citações traduzidas de *O capital*", mas elogiou o esforço do autor e regozijou-se com o fato de a publicação do artigo ter causado "grande sensação, sendo anunciada com letras garrafais em cartazes afixados nos muros de West End"[42], a extremidade oeste de Londres.

Em continuidade com o que ocorrera ao longo dos anos 1870, a difusão do pensamento de Marx estendeu-se, portanto, ao início da nova década. Agora, no entanto, suas ideias já não circulavam apenas no reduzido grupo de seguidores e militantes políticos, mas começavam a receber uma atenção mais ampla. O interesse por Marx não se manifestou somente em relação a seus escritos políticos – como o *Manifesto do Partido Comunista* e as resoluções da Associação Internacional dos Trabalhadores –, mas, para grande satisfação de seu autor, estendeu-se a sua principal contribuição teórica: a crítica da economia política. As teorias contidas em *O capital*, de fato, começaram a ser discutidas e apreciadas em diversos países europeus e, poucos anos depois, empregando expressão que se tornou célebre, Engels não hesitou em definir a obra do amigo como "a Bíblia da classe trabalhadora"[43]. Sabe-se lá se Marx, que sempre foi contrário a textos sagrados, teria apreciado a escolha do termo.

2. O carrossel da vida

Nas primeiras duas semanas de junho de 1881, as condições de saúde de Jenny von Westphalen se haviam agravado ainda mais. Seu "emagrecimento constante e a progressiva perda de forças" eram sinais alarmantes, e as terapias, nem sempre eficazes. O dr. Bryan Donkin convenceu-a a afastar-se do clima de Londres, na esperança de que ela se restabelecesse um pouco em vista da projetada viagem a Paris, onde desejava abraçar a filha mais velha, Jenny Longuet, e seus amados netos. Por essa razão, Marx e a mulher decidiram estabelecer-se em Eastbourne, cidadezinha de Sussex situada às margens do canal da Mancha.

Como naquele mesmo período tampouco Marx gozava de boa saúde, esperou-se que a temporada no litoral, além de permitir-lhe ficar, como era seu desejo, o máximo possível ao lado da mulher, também lhe gerasse benefícios. Sobre essa

---

[42] "Karl Marx to Friedrich Sorge", 15 de dezembro de 1881, cit., p. 163.
[43] Friedrich Engels, "Prefácio à edição inglesa" (1886), em Karl Marx, *O capital: crítica da economia política*, Livro I: *O processo de produção do capital* (trad. Rubens Enderle, São Paulo, Boitempo, 2013), p. 103.

eventualidade, Engels falou com Jenny Longuet, a quem escreveu, na segunda metade de junho, que "a mudança de ares [seria] igualmente benéfica para o Mouro[44]. Ele também precisa revigorar-se, se bem que agora, como sua tosse noturna apresentou alguma melhora, ele tem conseguido ao menos repousar"[45]. Marx também falara de suas condições nada animadoras de saúde com o amigo Sorge, a quem, em 20 de junho, pouco antes de partir, confidenciara: "Há mais de seis meses sofro de tosse, calafrios e dores reumáticas, que raramente me permitem sair e me forçam ao isolamento"[46].

Marx e sua esposa chegaram a Eastbourne por volta do fim de junho e ali permaneceram durante cerca de três semanas. Os gastos com a hospedagem, assim como com os tratamentos médicos que se fizeram necessários, foram custeados por Engels, que, também nesse caso, ajudou Marx e a família e, em julho, tranquilizou o amigo: "No momento, posso enviar-lhe de 100 até 120 libras; a questão é apenas saber se você deseja receber tudo de uma vez e quanto quer receber aí e quanto aqui"[47].

As filhas Laura e Eleanor se revezaram na visita aos pais, para passarem momentos juntos e confortá-los[48]. Todavia, as condições de Jenny von Westphalen

---

[44] "Mouro" era o modo como Marx era chamado em família e pelos companheiros de luta mais próximos: "Jamais era chamado de Marx, tampouco de Karl, mas apenas Mouro, assim como cada um de nós tinha um apelido; onde terminavam os apelidos, terminava também a intimidade mais estreita. Mouro era seu apelido desde os tempos da universidade; e também na *Nova Gazeta Renana* foi sempre chamado assim. Se eu me dirigisse a ele de outro modo, ele certamente acreditaria haver algum mal-entendido a ser esclarecido" ("Friedrich Engels to Friedrich Theodor Cuno", 29 de março de 1883, em MECW, v. 46, p. 466). A esse propósito, dois outros testemunhos valem ser citados, ambos de 1881. August Bebel escreveu: "A mulher e as filhas chamavam Marx sempre de 'Mouro', como se ele não tivesse outro nome. O apelido havia nascido por causa da cor negra dos cabelos e da barba, que agora, ao contrário do bigode, já estavam grisalhos" (Hans Magnus Enzensberger [org.], *Gespräche mit Marx und Engels*, v. 2, Frankfurt, Insel, 1973, p. 528). Bernstein relatou: "Eu queria despedir-me, mas Engels insistiu: 'Não, não, venha você também à casa do Mouro'. – 'À casa do Mouro? E quem é o Mouro?' – 'Marx. E quem mais poderia ser?' – replicou Engels – como se aquela fosse a coisa mais óbvia do mundo" (ibidem, p. 418). Para um elenco completo dos muitos diminutivos da família Marx, ver Olga Meier (org.), *The Daughters of Karl Marx: Family Correspondence 1866-1898* (Nova York-Londres, Harcourt Brace Jovanovich, 1982), p. xiii.
[45] "Friedrich Engels to Jenny Longuet", 17 de junho de 1881, em MECW, v. 46, p. 97.
[46] "Karl Marx to Friedrich Sorge", 20 de junho de 1881, em MECW, v. 46, p. 98.
[47] "Friedrich Engels to Karl Marx", 7 de julho de 1881, em MECW, v. 46, p. 104.
[48] Ver "Karl Marx to Laura Lafargue", 13 de abril de 1882, em MECW, v. 46, p. 238. Nessa carta, Marx relembra a presença da filha "à cabeceira de [sua] Jenny, em suas fiéis visitas diárias, que tanto sossegavam aquele resmungão do velho Nick" (idem). Ver também Yvonne Kapp, *Eleanor Marx: Family Life 1855-1883*, cit., p. 218.

não melhoravam e, como ela mesma escreveu a Laura, "apesar do ambiente favorável, não me sinto de modo algum melhor e [...] sou obrigada a movimentar-me numa carreira de rodas, o que eu – andarilha por excelência – teria julgado uma condição indigna até poucos meses atrás"[49].

De volta a Londres, Jenny von Westphalen teve mais uma consulta com o médico, que, encontrando-a melhor, consentiu em liberá-la para que ela pudesse abraçar novamente a filha e os netos depois de cinco meses de separação. Nessa ocasião, Marx enviou 5 libras a Jenny Longuet, para que ela pudesse "pagar em dinheiro vivo o aluguel dos lençóis", condição inarredável que ele impusera para aceitar o convite de hospedar-se na casa da filha. Acrescentou, por fim, sem deixar espaço para réplicas, que "o restante [seria] pago quando na [sua] chegada"[50].

Em 26 de julho, Marx e a esposa, acompanhados por Helene Demuth, desembarcaram na França e instalaram-se em Argenteuil, subúrbio de Paris, onde vivia Jenny. Assim que chegaram, Marx quis conhecer o médico de família dos Longuet, o dr. Gustave Dourlen (?), que se declarou disposto a acompanhar as condições de Jenny von Westphalen. Como relatou a Engels, no "primeiro dia" da estada, "o velho Nick" foi, para sua máxima alegria, "sequestrado pelas crianças"[51]. Em família, Marx era chamado por esse apelido, que se alternava com o outro, Mouro. Com esse cognome – Old Nick, que na gíria inglesa significava "velho diabo" –, ele costumava assinar, sobretudo nos últimos anos de vida, as cartas endereçadas às filhas, a Engels e a Paul Lafargue, sem dúvida se divertindo, além de satisfeito, com a comparação com tal figura[52].

---

[49] "Jenny von Westphalen to Laura Lafargue", em idem.
[50] "Karl Marx to Jenny Longuet", 22 de julho de 1881, em MECW, v. 46, p. 106.
[51] "Karl Marx to Friedrich Engels", 27 de julho de 1881, em MECW, v. 46, p. 107.
[52] A primeira carta assinada por Marx desse modo surge no ano da publicação de *O capital*. Ver "Karl Marx to Laura Lafargue", 13 de maio de 1867, em MECW, v. 42, p. 376. Entre as muitas afirmações disparatadas sobre Marx – chegaram a acusá-lo de antissemita ou racista –, está a de que "ele possuía uma visão diabólica do mundo e a mesma malignidade do diabo; às vezes, parecia estar consciente de estar realizando obras malignas" (Robert Payne, *Marx: A Biography*, Nova York, Simon & Schuster, 1968, p. 317). Há também o conhecido livro de Richard Wurmbrand, padre romeno e autor prolífico de "escritos" ridículos, que acusou Marx de ser um espírito diabólico: *Was Karl Marx a Satanist?* (Glendale, Diane Books, 1979). Marx, ao contrário, usava o cognome de "velho Nick" de modo brincalhão e afetuoso. Em setembro de 1869, escreveu à filha Laura: "Lamento não poder festejar o aniversário de meu querido passarinho em família, mas os pensamentos do velho Nick estão com você: sinta-se acolhida em meu coração" ("Karl Marx to Laura Lafargue", 25 de setembro de 1869, em MECW, v. 43, p. 355). Ou, ainda, após o nascimento de um filho de Laura: "Abrace por mim o pequeno Schnappy e diga-lhe que o velho Nick está muito orgulhoso das duas fotografias de seu sucessor" ("Karl Marx to Paul Lafargue", 4 de fevereiro de 1871, em MECW, v. 44, p. 112).

A notícia do retorno de Marx à França, na realidade devido a motivos estritamente pessoais, estava fadada a alimentar suspeitas. Longuet imaginara, de fato, que, assim que tomassem consciência disso, "os anarquistas [... lhe] atribu[iriam] intenções malignas de manobras eleitorais". Depois de receber a garantia do amigo Georges Clemenceau de que Marx não "tinha absolutamente nada a temer da polícia"[53] francesa, ele pôde tranquilizar o sogro. De sua chegada, além disso, a filha Eleanor avisara, sem que ele soubesse, Carl Hirsch, correspondente parisiense da imprensa social-democrata alemã, de modo que, divertindo-se com essas circunstâncias, Marx declarou que sua presença já era "um segredo de polichinelo".

Engels, que nesse ínterim se instalara por algumas semanas em Bridlington, Yorkshire, sentindo-se alegre e tranquilizado por esses relatos, recordou ao amigo, com a delicadeza e a dedicação costumeiras, que ele podia sempre contar com sua ajuda: "Tenho cheques comigo; se precisar de alguma coisa, não faça cerimônia e diga a soma de que precisa. Sua esposa não pode e não deve passar nenhuma privação. Deve ter tudo aquilo que deseje ou que vocês pensem que lhe dará prazer". E, dentro do espírito que reinava na amizade dos dois, também compartilhou com Marx que naqueles dias se dedicava a um de seus prazeres favoritos: "Aqui quase podemos dispensar a cerveja alemã, pois a *Bitter ale* do pequeno café sobre o píer é excelente e faz um belo colarinho de espuma, igual à cerveja alemã"[54].

Do outro lado do canal da Mancha, no entanto, Marx não atravessava um bom momento. Agradeceu a Engels a ajuda: "Recorrer tão pesadamente a sua carteira causa-me grande embaraço, mas a anarquia que nos últimos dois anos abalou o orçamento familiar, produzindo dívidas de toda sorte, tem-me oprimido já por um tempo considerável"[55]. Depois disso, atualizou o amigo sobre as condições de sua esposa: "Todos os dias experienciamos as mesmas vicissitudes a que estávamos submetidos em Eastbourne, com a única diferença de que ultimamente – como, por exemplo, ontem – têm ocorrido crises repentinas e terríveis de dor"[56], em cujos casos o dr. Dourlen lhe administrava opiáceos. Não lhe escondeu sua forte preocupação: "As 'melhoras' temporárias não detêm o curso natural da doença, mas iludem minha esposa e – apesar de meus protestos – consolidam em Jenny [Longuet] a ideia de que nossa estada [...] deva durar o máximo possível".

---

[53] "Karl Marx to Friedrich Engels", 27 de julho de 1881, cit., p. 108.
[54] "Friedrich Engels to Karl Marx", 29 de julho de 1881, em MECW, v. 46, p. 109.
[55] "Karl Marx to Friedrich Engels", 3 de agosto de 1881, em MECW, v. 46, p. 110. Engels, com seu cavalheirismo costumeiro, respondeu-lhe imediatamente: "Não perca o sono por causa de míseras 30 libras. Se tiver necessidade de mais, avise-me e lhe enviarei uma soma maior" ("Friedrich Engels to Karl Marx", 6 de agosto de 1881, em MECW, v. 46, p. 113).
[56] "Karl Marx to Friedrich Engels", 3 de agosto de 1881, cit., p. 110.

Essa contínua alternância entre esperança e temores também afetara consideravelmente sua própria saúde, comprometendo até o tempo de repouso: "Ontem foi a primeira noite em que dormi de maneira quase decente". Afirmou sentir "a cabeça tão aturdida, como se dentro dela girasse um moinho", e que por essa razão "ainda não fora a Paris e não escrev[era] sequer uma linha"[57] aos companheiros da capital para convidá-los a juntar-se a ele na casa da filha[58]. A primeira visita à capital francesa ocorreu em 7 de agosto, para grande felicidade de Jenny von Westphalen; a Marx, que desde o longínquo 1849 jamais retornara a Paris, a cidade deu "a impressão de uma feira perpétua"[59].

De volta a Argenteuil, Marx relatou a Engels que, temendo que a condição de sua esposa pudesse se agravar de repente, tentara convencê-la a retornar a Londres "no fim desta semana". Como resposta, no entanto, "ela pregou[-lhe] uma peça, mandando lavar uma trouxa de roupas"[60], que só seria devolvida no começo da semana seguinte. Prevaleceu, assim, o sentimento materno e a vontade de permanecer o máximo possível junto à filha. Ao fim dessa mesma carta, Marx o pôs a par de sua situação de saúde: "É estranho dizê-lo, mas, apesar de meu sono noturno ser desgraçadamente escasso e de meus dias serem atormentados por preocupações, todos dizem que tenho bom aspecto e, de fato, isso é verdade"[61].

No entanto, foi outro acontecimento doloroso que o forçou a deixar precipitadamente a França. No dia 16 de agosto, Marx recebeu a notícia de que Eleanor estava gravemente doente. Ele partiu de imediato para Londres, onde, dois dias depois, sua esposa e Helene Demuth o alcançaram.

De volta a casa, Marx teve de enfrentar uma emergência nova e terrível: o estado de depressão extrema[62] em que se encontrava Tussy – esse era o apelido carinhoso

---

[57] Ibidem, p. 110-1.
[58] Marx comunicou-se com alguns deles somente alguns dias depois: "Estou aqui há quase duas semanas, mas não fui a Paris e não visitei nenhum de meus conhecidos. As condições de minha esposa não me permitiram nem uma nem outra coisa" ("Karl Marx to Carl Hirsch", 6 de agosto de 1881, em MECW, v. 46, p. 115).
[59] "Karl Marx to Friedrich Engels", 9 de agosto de 1881, em MECW, v. 46, p. 116.
[60] Idem. Marx comunicou o fato também à outra filha, Laura, que se encontrava em Londres: "O estado de sua mãe é preocupante devido à crescente fraqueza. Por isso, minha intenção era partir, a todo custo, no fim desta semana, e tratei de informar devidamente a 'paciente'. Ontem, no entanto, ela frustrou meus projetos, mandando lavar nossas roupas" ("Karl Marx to Laura Lafargue", 9 de agosto de 1881, em MECW, v. 46, p. 118).
[61] "Karl Marx to Friedrich Engels", 9 de agosto de 1881, cit., p. 116.
[62] Yvonne Kapp supõe que o "problema [de Eleanor] era duplo e urgente [...:] ela tentava pôr fim ao noivado [clandestino] com Lissagaray", que jamais fora aceito pela família, e, ao mesmo tempo, "desejava iniciar a carreira de atriz de teatro" (*Eleanor Marx: Family Life 1855-1883*, cit., p. 227).

pelo qual chamava a filha caçula. Preocupado com seu "aspecto pálido e emaciado e [porque] ela não comia (literalmente) quase nada havia semanas", Marx relatou suas péssimas condições à filha Jenny, contando que Eleanor sofria de "contínua insônia, tremores nas mãos e espasmos nervosos da face. [...] Um pouco mais de demora, e os riscos teriam sido sérios"[63]. O que dava alento a Marx era a recente lembrança das belas semanas passadas, apesar de tudo, em Argenteuil: "O prazer de estar com você e com as queridas crianças me proporcionaram mais alegria do que eu jamais poderia encontrar em qualquer outro lugar"[64].

Um dia depois dessa carta, chegou de Argenteuil a notícia de que "[Charles] Longuet e o pequeno Harry est[avam] muito doentes". Marx comentou com Engels: "Na família, neste momento, só infortúnios"[65]. A sucessão de adversidades, dramas e tribulações parecia destinada a não parar mais.

3. A morte de Jenny von Westphalen e o retorno ao estudo da história

A assistência à filha Eleanor, que absorveu muitas de suas energias durante a segunda metade do verão e, sobretudo, o avanço da enfermidade de Jenny von Westphalen, que "dia a dia se aproxima[va] cada vez mais da catástrofe"[66], interromperam totalmente as relações sociais da família Marx. No início de outubro, numa carta a Minna Kautsky (1837-1912), ex-atriz e, à época, escritora de romances socialmente engajados, Marx desculpou-se por não ter podido convidá-la a Londres, devido à "terrível e, temo, *fatal* enfermidade de minha mulher, [que] interrompeu, por assim dizer, nossas relações com o mundo externo"[67]. A Karl Kautsky, filho de Minna, ele comunicara naquele mesmo dia: "Sou um enfermeiro (*garde malade*)"[68].

Nesse período, Marx retomou os estudos de matemática. Seu modo muito particular de dedicar-se a essa matéria foi assim ilustrado por seu genro Lafargue:

> A par da leitura de poetas e romancistas, Marx tinha outra maneira, muito pouco comum, de descansar intelectualmente: o estudo da matemática, pela qual tinha especial predileção. A álgebra lhe proporcionava até mesmo um tipo de consolo

---

[63] "Karl Marx to Jenny Longuet", 18 de agosto de 1881, em MECW, v. 46, p. 134. A Engels, Marx contou que o dr. Donkin afirmara que era "um milagre que um colapso desse tipo não tenha ocorrido antes" ("Karl Marx to Friedrich Engels", 18 de agosto de 1881, em MECW, v. 46, p. 133).
[64] "Karl Marx to Jenny Longuet", 18 de agosto de1881, cit., p. 135.
[65] "Karl Marx to Friedrich Engels", 19 de agosto de 1881, em MECW, v. 46, p. 136.
[66] "Karl Marx to Karl Kautsky", 1º de outubro de 1881, em MECW, v. 46, p. 142-3.
[67] "Karl Marx to Minna Kautsky", 1º de outubro de 1881, em MECW, v. 46, p. 143-4.
[68] "Karl Marx to Karl Kautsky", 1º de outubro de 1881, cit., p. 143.

moral: era um refúgio nos momentos mais dolorosos de sua vida atormentada. Durante a última doença da esposa, era-lhe impossível dedicar-se ao trabalho científico habitual. Só conseguia escapar do abatimento ocasionado pelos sofrimentos de sua companheira de vida concentrando-se na matemática. Naquele período de dor profunda, ele escreveu um trabalho sobre cálculo infinitesimal. [...] Na matemática avançada ele via o movimento dialético em sua forma mais lógica e, ao mesmo tempo, mais simples.[69]

Em meados de outubro, a saúde de Marx, abalada pelas adversidades familiares, voltou a vacilar; ele foi acometido por uma fortíssima bronquite, que lhe causou séria inflamação na pleura. Dessa vez, coube a Eleanor passar o tempo todo à cabeceira do pai e assisti-lo para evitar o perigo de uma pneumonia, chegando a demover a irmã Jenny da ideia de sair de Argenteuil para ajudá-la[70].

Engels, preocupadíssimo com o estado do amigo, escreveu a Bernstein em 25 de outubro: "Há doze dias [Marx] está acamado devido a uma bronquite com todo tipo de complicação, mas desde domingo – tomadas as devidas precauções – está afastado o perigo. Confesso que tive alguns temores"[71]. Alguns dias depois, ele também informou o estado de saúde de Marx a Johann Becker (1809-1886), companheiro de longa data. Sobre o amigo comum, escreveu-lhe Engels: "Considerando a idade e as condições gerais de saúde dele, [a doença] não foi nenhuma brincadeira. Por sorte, o pior já passou [...], embora ele ainda tenha de guardar o leito na maior parte do dia e esteja muito debilitado"[72].

Novas informações médicas, também endereçadas a Bernstein, foram enviadas no fim de novembro. Engels relatou que Marx "ainda estava muito fraco, não [podia] sair do quarto nem trabalhar seriamente. No entanto, recuperava-se a olhos vistos"[73]. Nesse ínterim, verificara-se um "acontecimento externo [que havia] contribuído, em alguma medida, para reanim[á-lo]: [...] o resultado das

---

[69] Paul Lafargue, Instituto do Marxismo-Leninismo (org.), *Reminiscences of Marx and Engels* (Moscou, Foreign Languages Publishing House, 1957), p. 75.

[70] "Você não deve deixar as crianças. Seria uma loucura e daria a papai uma preocupação maior que a alegria ou o bem que sua presença aqui lhe proporcionaria" (citado em Yvonne Kapp, *Eleanor Marx: Family Life 1855-1883*, cit., p. 219).

[71] "Friedrich Engels to Eduard Bernstein", 25 de outubro de 1881, cit., p. 150. Engels, de fato, não exagerava, como prova o que, mais tarde, Marx escreveu a Becker: "Uma pleurite acompanhada de bronquite me atacou tão gravemente que, em certo ponto, por alguns dias, os médicos duvidaram que eu pudesse me salvar" ("Karl Marx to Johann Becker", 10 de dezembro de 1881, em MECW, v. 46, p. 159).

[72] "Friedrich Engels to Johann Philipp Becker", 4 de novembro de 1881, em MECW, v. 46, p. 151.

[73] "Friedrich Engels to Eduard Bernstein", 30 de novembro de 1881, em MECW, v. 46, p. 152.

eleições". Em 27 de outubro de 1881, de fato, os social-democratas obtiveram mais de 300 mil votos no pleito para o novo parlamento. Um sucesso de proporções inéditas na Europa[74].

Também Jenny von Westphalen ficou muito contente com esse acontecimento, que lhe proporcionou uma de suas últimas alegrias. As semanas seguintes a essa notícia, de fato, transcorreram em condições terríveis para ela: "Para dar-lhe um pouco de alívio", conforme o dr. Donkin havia sugerido, ela era continuamente transportada, "com os lençóis, da cama para a poltrona"[75], e vice-versa. Além disso, devido às fortes dores, era sedada com injeções de morfina. Eleanor recordou, em seguida, o grande sofrimento daquele período:

> No cômodo da frente, maior, ficava a mamãe; no menor, o Mouro. [...] Jamais esquecerei a manhã em que meu pai se sentiu suficientemente forte para entrar no quarto da mamãe. Quando se viram juntos, rejuvenesceram. Pareciam uma moça e um jovenzinho enamorados que iniciam juntos o caminho da vida, em vez de um velho prostrado pela doença e uma mulher moribunda a despedir-se, para sempre, um do outro.[76]

Em 2 de dezembro de 1881, no limiar dos 68 anos, Jenny von Westphalen, a mulher que permanecera por toda a existência ao lado de Marx, com ele compartilhando as dificuldades e a paixão política, morreu de câncer no fígado.

Para Marx, foi uma perda irremediável. Pela primeira vez, desde 1836, quando se apaixonara por ela com apenas 18 anos, ele se viu sozinho, sem "o rosto [...] que] despertava nele as maiores e mais doces recordações da vida"[77] e privado de seu "maior tesouro"[78].

---

[74] Engels rejubilou-se: "Nenhum proletariado jamais se comportou de modo tão magnífico. Depois da grande derrota de 1848, ele caíra na apatia e, por fim, rendera-se à exploração burguesa, limitando-se unicamente à luta sindical para o aumento dos salários" (ibidem, p. 152-3).

[75] Citado em Yvonne Kapp, *Eleanor Marx: Family Life 1855-1883*, cit., p. 219.

[76] Ibidem, p. 219-20. Posteriormente, Marx relatou a Danielson que estava tão mal que ficou sem poder ver a esposa "por três das últimas seis semanas de vida dela, embora se encontrassem em quartos contíguos" ("Karl Marx to Nikolai Danielson", 13 de dezembro de 1881, cit., p. 160).

[77] "Karl Marx to Jenny von Westphalen", 21 de junho de 1856, em MECW, v. 40, p. 56.

[78] "Karl Marx to Jenny von Westphalen", 15 de dezembro de 1863, em MECW, v. 41, p. 499. Sobre a vida de Jenny von Westphalen e sua relação com Marx, remetemos a Mary Gabriel, *Love and Capital: Karl and Jenny Marx and the Birth of a Revolution* (Nova York/Boston/Londres, Little, Brown and Company, 2011) [ed. bras.: *Amor e Capital: a saga familiar de Karl Marx e a história de uma revolução*, trad. Alexandre Barbosa de Souza, Rio de Janeiro, Zahar, 2013]. Ver também Luise Dornemann, *Jenny Marx: Der Lebensweg einer Sozialistin* (Berlim, Dietz, 1971) e Heinz Frederick Peters, *Red Jenny: A Life with Karl Marx* (Nova York, St. Marti's, 1986).

Para não comprometer ainda mais sua já frágil condição, Marx não teve sequer permissão de presenciar o funeral. "A proibição do médico de participar do enterro foi inflexível", relatou ele, tristemente, à filha Jenny. Marx "resignou-se a [respeitar] essa ordem", pensando nas palavras que a esposa pronunciara à enfermeira antes de morrer, a propósito das formalidades por cumprir: "Não somos pessoas que dão valor às exterioridades"[79]. Quem participou das exéquias de Jenny von Westphalen foi Engels – definido por Eleanor como "de uma gentileza e uma devoção indescritíveis"[80] –, que, em seu discurso fúnebre, recordou: "Se já houve uma mulher cuja máxima alegria tenha sido fazer os outros felizes, essa mulher foi ela"[81].

Depois da perda da mulher, ao sofrimento da alma somou-se o do corpo. Os tratamentos a que Marx devia se submeter eram dolorosíssimos, ainda que enfrentados com espírito estoico. Assim ele os descreveu a Jenny:

> Ainda preciso espalhar iodo no peito e nas costas, e isso, quando repetido regularmente, produz uma inflamação muito dolorosa na pele. Tal procedimento, realizado apenas para prevenir uma recaída durante a convalescença (já superada, afora uma ligeira tosse), nesse momento me presta um grande serviço. Contra as dores da alma, há apenas um antídoto eficaz: a dor física. Ponha o fim do mundo de um lado e um homem com forte dor de dente de outro![82]

Sua saúde tornou-se de tal modo precária que, como escreveu ao amigo e economista russo Nikolai Danielson, num dos momentos mais críticos, esteve "muito perto 'de voltar as costas a esse mundo medonho'", acrescentando que os médicos queriam "mand[á-lo] ao sul da França ou à Argélia"[83].

Marx, que teve uma convalescença longa e complexa, foi obrigado a ficar "pregado na cama" por várias semanas, "forçado ao confinamento domiciliar", como escreveu ao companheiro Sorge, e bem consciente daquilo que atravessava: "Devo desperdiçar certa quantidade de tempo em 'manobras' de restauração de minha saúde"[84].

Apesar da sucessão de dramas familiares e doenças, entre o outono de 1881 e o inverno de 1882 ele dedicou a maior parte de suas energias intelectuais aos estudos históricos. Marx preparou, de fato, uma cronologia comentada, na qual

---

[79] "Karl Marx to Jenny Longuet", 7 de dezembro de 1881, cit., p. 164.
[80] Yvonne Kapp, *Eleanor Marx: Family Life 1855-1883*, cit., p. 219.
[81] Friedrich Engels, citado em ibidem, p. 221.
[82] "Karl Marx to Jenny Longuet", 7 de dezembro de 1881, cit., p. 156.
[83] "Karl Marx to Nikolai Danielson", 13 de dezembro de 1881, cit., p. 160.
[84] "Karl Marx to Friedrich Sorge", 15 de dezembro de 1881, cit., p. 162.

relacionou, ano após ano, os principais acontecimentos políticos, sociais e econômicos da história mundial, que se sucederam desde o século I a.C., resumindo suas causas e as características fundamentais. Adotou o mesmo método que já utilizara na redação de *Notas sobre a história indiana (664-1858)*[85], realizadas entre o outono de 1879 e o verão de 1880 com base no livro *Analytical History of India* [História analítica da Índia] (1870), de Robert Sewell (1845-1925). Com isso, ele pretendia, uma vez mais, confrontar as bases de sua concepção com os acontecimentos reais que haviam marcado a história da humanidade. Marx não se concentrou apenas nas mudanças produtivas, mas, renunciando a qualquer determinismo econômico, focou com grande atenção um panorama geral da questão decisiva do desenvolvimento do Estado moderno[86].

Para realizar sua cronologia, a par de algumas fontes menores não mencionadas em seus apontamentos, Marx baseou-se sobretudo em dois textos. O primeiro foi a *Histoire des peules d'Italie* [História dos povos da Itália] (1825), de Carlo Botta (1766-1837), publicado em três volumes, em francês (uma vez que o autor, em 1814, após ser perseguido pelo governo dos Savoia, teve de deixar Turim e só pôde voltar ao Piemonte depois da derrota de Napoleão Bonaparte [1769-1821]). O segundo, a *Weltgeschichte für das deutsche Volk* [História mundial para o povo alemão] (1844-1857), de Friedrich Schlosser (1776-1861), que, publicado em Frankfurt em dezoito volumes, obteve grande sucesso e uma notável divulgação. Com base nessas duas obras, Marx preencheu quatro cadernos. Os sumários, às vezes intercalados por brevíssimos comentários críticos, foram feitos em alemão, inglês e francês[87].

---

[85] A edição mais recente desses manuscritos é Karl Marx, *Notes on Indian History* (Honolulu, University Press of the Pacific, 2001).

[86] Ver Michael Krätke, "Marx und die Weltgeschichte", *Beiträge zur Marx-Engels-Forschung. Neue Folge*, 2014, p. 176, que afirma que Marx entendia esse processo como o "desenvolvimento conjunto de comércio, agricultura, indústria de mineração, sistema fiscal e infraestrutura". Segundo Krätke, Marx redigiu esses excertos levando em conta uma convicção amadurecida havia muito tempo: "Dar ao movimento socialista sólidas bases sociocientíficas, mais que [criar] uma filosofia política" (ibidem, p. 143).

[87] Na correspondência de Marx não existe nenhuma referência a esse estudo; portanto, é muito difícil estabelecer sua datação exata. Os editores do tomo *Marx Engels Werke*, XIX (Berlim, Dietz, 1962), p. 621-2, enquadraram-no entre "fins de 1881 e fins de 1882". Maximilien Rubel, afirma que esses resumos foram redigidos "sem dúvida" no fim de 1881 (*Marx: Life and Works*, Londres, Macmillan, 1980, p. 121). Enquanto a primeira hipótese é muito genérica, a segunda não parece totalmente precisa, pois é bem provável que Marx, depois de realizar a parte mais volumosa desse projeto, tenha lhe dado continuidade também em algum período de 1882. Isso pode ser inferido dos diferentes tipos de sublinhado que os manuscritos apresentam e da carta enviada à filha Eleanor em 23 de dezembro de 1882 (ver nota 86 do próximo capítulo). É, portanto, possível datar esses cadernos (IISH, *Karl Marx – Friedrich Engels Papers*, B 157-B160)

No primeiro desses cadernos, ele classificou, em ordem cronológica, num total de 143 páginas, alguns dos maiores acontecimentos desde 91 a.C. até 1370. Partindo da história da Roma antiga, avançou até a queda do império romano e depois estudou a importância histórica de Carlos Magno (742-814), o papel de Bizâncio, as repúblicas marítimas italianas, o desenvolvimento do feudalismo, as Cruzadas e fez uma descrição dos califados de Bagdá e Mossul. No segundo caderno, de 145 páginas, com anotações que vão de 1308 a 1469, os principais assuntos foram os progressos econômicos ocorridos na Itália[88] e a situação política e econômica alemã entre os séculos XIV e XV; enquanto no terceiro, com 141 páginas relativas à época entre 1470 e 1580, Marx ocupou-se do conflito entre França e Espanha, da república florentina na época de Girolamo Savonarola (1452-1498) e da Reforma protestante de Martinho Lutero (1483-1546). Por fim, no quarto caderno, de 117 páginas, tratou da grande quantidade de conflitos religiosos que se sucederam na Europa de 1577 a 1648[89].

A par dos quatro cadernos de resumos das obras de Botta e Schlosser, Marx redigiu outro, com as mesmas características, provavelmente na mesma época dos primeiros e atinente à mesma pesquisa. Nesse caderno, com base em *Storia della Repubblica di Firenze* [História da República de Florença] (1875), de Gino Capponi (1792-1876), ele estendeu as anotações de 1135 a 1433 e acrescentou nove notas relativas aos anos 449-1485, valendo-se de *A Short History of the English People* [Pequena história do povo inglês] (1877), de John Green (1837--1883). A instabilidade de sua saúde não lhe permitiu ir adiante; suas anotações se interromperam na crônica da Paz da Vestfália de 1648, ou seja, dos tratados que puseram fim à Guerra dos Trinta Anos.

---

atribuindo-os às duas únicas fases de atividade intelectual dos últimos dezoito meses de sua vida, ambas transcorridas entre Londres e a ilha de Wight: o período entre o outono de 1881 e 9 de fevereiro de 1882 e o decorrido entre o início de outubro de 1882 e 12 de janeiro de 1883. Deve-se certamente excluir que Marx tenha trabalhado em sua cronologia histórica durante os oito meses de 1882 que ele passou entre a França, a Argélia e a Suíça.

[88] Em seu ensaio "Marx und die Weltgeschichte", cit., p. 163, Krätke, além de fornecer uma ótima reconstrução do conteúdo desses quatro cadernos de anotações, afirma que Marx identificava "no desenvolvimento econômico das cidades-estado italianas, [ocorrido] no fim do século XIII [...], o início do capitalismo moderno".

[89] As capas de cada um desses quatro cadernos de Marx apresentam títulos atribuídos por Engels durante a reorganização do legado do amigo: "Resumos cronológicos. I: 96 até cerca de 1320; II: 1300 até cerca de 1470; III: 1470 até 1580; IV: cerca de 1580 até cerca de 1648". Seu conteúdo difere levemente em relação às datas indicadas por Engels. A única parte publicada desses manuscritos foi uma ampla seção do quarto caderno. Ver Karl Marx e Friedrich Engels, *Über Deutschland und die deutsche Arbeiterbewegung* (Berlim, Dietz, 1953), p. 285-516.

Quando as condições de Marx melhoraram, ele teve de fazer todo o possível para "afastar o risco de uma recaída"[90]. Acompanhado da filha Eleanor, em 29 de dezembro de 1881, deslocou-se para Ventnor, tranquila localidade da ilha de Wight, onde já estivera outras vezes no passado. O médico aconselhara-lhe esse lugar pelo "clima quente e ar seco", com a esperança de que ambas as coisas contribuíssem para sua "completa recuperação"[91]. Antes de partir, Marx escreveu a Jenny: "Minha querida filha, o melhor favor que pode fazer-me é cuidar bem de si mesma. Espero viver ainda belos dias a seu lado e cumprir dignamente minhas funções de avô"[92].

Em Ventnor, Marx passou as duas primeiras semanas de 1882. Para passear sem sentir falta de ar e ficar "menos dependente dos caprichos do clima", foi obrigado a carregar consigo, "em caso de necessidade", um respirador, que ele comparava a uma "focinheira"[93]. Nem em circunstâncias tão difíceis Marx renunciou à ironia e, com a filha Laura, comentou que achara "muito divertido" o grande espalhafato com que, na Alemanha, os jornais burgueses haviam anunciado sua "morte ou, pelo menos, a inelutável aproximação desta"[94].

Nos dias que passaram juntos, a convivência de pai e filha foi muito complicada. Eleanor, oprimida pelo peso de suas questões existenciais não resolvidas, continuava profundamente inquieta, não conseguia dormir e era atormentada pelo medo de que suas crises nervosas voltassem a piorar dramaticamente. Apesar do enorme amor que pai e filha nutriam entre si, naqueles dias os dois tiveram grande dificuldade para comunicar-se: o primeiro "irritado e ansioso"; a segunda, "antipática e insatisfeita"[95].

As péssimas condições físicas de Marx e os problemas de relacionamento com a filha não o impediram de acompanhar os principais acontecimentos da atualidade política. Em seguida a um discurso do chanceler alemão perante o parlamento, no qual não pudera ignorar a grande desconfiança com que os trabalhadores

---

[90] "Friedrich Engels to Karl Marx", 8 de janeiro de 1882, em MECW, v. 46, p. 174.
[91] "Friedrich Engels to Ferdinand Nieuwenhuis", 29 de dezembro de 1881, em MECW, v. 46, p. 167.
[92] "Karl Marx to Jenny Longuet", 17 de dezembro de 1881, em MECW, v. 46, p. 165.
[93] "Karl Marx to Friedrich Engels", 5 de janeiro de 1882, em MECW, v. 46, p. 171.
[94] "Karl Marx to Laura Lafargue", 4 de janeiro de 1882, em MECW, v. 46, p. 170.
[95] "Eleanor Marx to Jenny Longuet", 8 de janeiro de 1882, em Olga Meier (org.), *The Daughters of Karl Marx*, cit., p. 145-6. Sobre o episódio inteiro, ver Yvonne Kapp, *Eleanor Marx: Family Life 1855-1883*, cit., p. 225-8; e também a carta de Karl Marx a Laura Lafargue de 4 janeiro de 1882, cit., p. 169: "Minha companhia (isso deve ficar *estritamente entre nós*) não come praticamente nada, sofre muito de tiques nervosos, lê e escreve o dia inteiro [...] aparentemente, só suporta estar comigo por senso de dever, como um mártir que se sacrifica".

haviam acolhido as propostas do governo[96], Marx escreveu a Friedrich Engels: "Considero uma grande vitória não apenas para a Alemanha, mas também para o exterior em geral, que Bismarck tenha admitido perante o Reichstag que os trabalhadores alemães, em certa medida, 'rejeitaram' seu socialismo de Estado"[97].

Depois do retorno a Londres, em vista da bronquite, agora crônica, ele e seus familiares foram obrigados a consultar-se novamente com o dr. Donkin para avaliar qual seria o clima mais favorável ao restabelecimento de suas condições. A fim de obter uma cura completa, impunha-se a estada num lugar quente. A ilha de Wight não funcionara. Gibraltar estava fora de questão: para entrar ali, Marx precisaria de um passaporte – e, apátrida como era, não o tinha. O império de Bismarck, além de continuar interdito a Marx, estava coberto de neve; tampouco a Itália podia ser levada em consideração, uma vez que, como afirmou Engels, "a primeira prescrição para os doentes é a de evitar ser molestado pela polícia"[98].

Com o apoio do dr. Donkin e de Paul Lafargue, Engels convenceu Marx a dirigir-se à Argélia, que na época gozava de boa reputação entre aqueles que tinham meios de escapar dos rigores dos meses mais frios na Inglaterra[99]. Como ele recordou à filha Eleanor, o que o movia àquela insólita peregrinação era sua antiga obsessão: completar *O capital*. Ela relatou:

> Seu estado geral piorava continuamente. Se fosse mais egoísta, teria simplesmente deixado que as coisas transcorressem naturalmente. Para ele, no entanto, havia algo que estava acima de tudo: a devoção à causa. Ele tentou concluir sua grande obra e, por isso, consentiu uma vez mais em fazer uma viagem para recuperar a saúde.[100]

Marx partiu em 9 de fevereiro e, a caminho do Mediterrâneo, fez uma parada em Argenteuil, na casa da filha Jenny. Como seu estado de saúde não melhorava, apenas uma semana depois decidiu partir sozinho para Marselha, após convencer Eleanor de que não se fazia necessário que ela o acompanhasse. Com Engels, ele

---

[96] Ver *Stenographische Berichte über die Verhandlungen des Reichstags*, v. 1 (Berlim, 1882), p. 486. A intervenção de Bismarck se deu após sua derrota eleitoral nos grandes centros industriais da Alemanha.

[97] "Karl Marx to Friedrich Engels", 15 de janeiro de 1882, em MECW, v. 46, p. 183.

[98] "Friedrich Engels to Eduard Bernstein", 25 de janeiro de 1882, em MECW, v. 46, p. 186-7. A seu juízo, "a Itália ofere[cia] menores garantias que qualquer outro lugar, a não ser, naturalmente, o império de Bismarck". Ver também "Karl Marx to Piotr Lavrov", 23 de janeiro de 1882, em MECW, v. 46, p. 184-5.

[99] Ver Gilbert Badia, "Marx en Algérie", em Karl Marx, *Lettres d'Alger et de la Côte d'Azur* (Paris, Le Temps des Cerises, 1997), p. 17.

[100] Eleanor Marx, citado em Hans Magnus Enzensberger (org.), *Gespräche mit Marx und Engels*, cit., v. 2, p. 575-6.

comentou, de fato, que: "Por nada neste mundo quero que minha filha pense que está sendo sacrificada no altar da família como 'enfermeira'"[101].

Tendo atravessado a França de trem, Marx chegou a Marselha em 17 de fevereiro. Ali comprou imediatamente passagem no primeiro navio que partia para a África[102] e, no dia seguinte, numa ventosa tarde de inverno, pôs-se em fila no cais, junto aos outros viajantes que aguardavam para embarcar. Levava consigo uma porção de malas, abarrotadas de roupas pesadas, remédios e alguns livros. O vapor *Said* zarpou às cinco da tarde para Argel[103], onde Marx permaneceu por 72 dias, único período de sua vida transcorrido longe da Europa.

---

[101] "Karl Marx to Friedrich Engels", 12 de janeiro de 1882, em MECW, v. 46, p. 176. Sobre Eleanor Marx e sua relação especial com o pai, a par do excelente trabalho de Yvonne Kapp, *Eleanor Marx: Family Life 1855-1883*, cit., ver também Chushiehi Tsuzuki, *The Life of Eleanor Marx, 1855-1898: A Socialist Tragedy* (Oxford, Clarendon, 1967); Eva Weissweiler, *Tussy Marx: Das Drama der Vatertochter* (Colônia, Kiepenheuer & Witsch, 2002); e o mais recente Rachel Holmes, *Eleanor Marx: A Life* (Londres, Bloomsbury, 2014).

[102] Ver "Karl Marx to Friedrich Engels", 17 de fevereiro de 1882, em MECW, v. 46, p. 200: "De passaporte e coisas semelhantes não se ouve nenhuma palavra. Na passagem estão escritos apenas o nome e o sobrenome do passageiro".

[103] Essa viagem à capital argelina jamais atraiu a merecida atenção dos biógrafos de Marx. O próprio Jacques Attali, embora sendo de origem argelina, em seu *Karl Marx, ou l'Esprit du monde* (Paris, Arthème-Fayard, 2005), p. 410, dedicou apenas meia página ao acontecimento, relatando, entre muitas inexatidões, que Marx ignorara a sublevação de Orã, ocorrida entre o verão de 1881 e a primavera de 1883 (ibidem, p. 265). Na obra de Marlene Vesper, *Marx in Algier* (Bonn, Pahl-Rugenstein Nachfolger, 1995), ao contrário, são reconstituídos com grande precisão todos os acontecimentos protagonizados por Marx durante sua visita à Argélia. Também remetemos a René Gallissot (org.), *Marxisme et Algérie* (Paris, Union générale d'éditions, 1976), e ao recente opúsculo do sociólogo alemão Hans-Jürgen Krysmanski, *Die letzte Reise des Karl Marx* (Frankfurt, Westend, 2014), inicialmente concebido como roteiro para um filme sobre a estada de Marx na Argélia, o qual jamais foi realizado por falta de financiamento.

IV
A ÚLTIMA VIAGEM DO MOURO

1. Argel e as reflexões sobre o mundo árabe

Marx chegou à África em 20 de fevereiro, após uma tempestuosa travessia de 34 horas. No dia seguinte, escreveu a Engels que seu "*corpus delicti* desembarc[ara] em Argel congelado até a medula". Hospedou-se no Hôtel-Pension Victoria, na zona do Mustapha Supérieur. Seu quarto, situado numa posição ideal e com vista para o porto, gozava de um "panorama fabuloso", oferecendo-lhe a oportunidade de apreciar o "maravilhoso *mélange* entre Europa e África"[1].

A única pessoa que conhecia a identidade daquele senhor poliglota, recém-chegado à cidade, era Albert Fermé (?), juiz de paz, seguidor de Charles Fourier (1772-1837), que chegara a Argel em 1870, após um período de encarceramento por sua oposição ao segundo império francês. Foi a única verdadeira companhia de Marx, servindo-lhe de guia em suas excursões e respondendo a suas curiosidades sobre aquele mundo novo.

Infelizmente, com o passar dos dias, a saúde de Marx não melhorou. Ele continuou perseguido pela bronquite e por uma tosse incessante, que lhe provocava insônia. Além disso, o clima excepcionalmente frio, chuvoso e úmido que envolvia Argel favoreceu um novo ataque de pleurite. Abateu-se sobre a cidade o pior inverno dos últimos dez anos, o que o fez escrever a Engels: "A única diferença entre a roupa que uso em Argel e a da ilha de Wight é que substituí meu sobretudo de rinoceronte por um sobretudo mais leve"[2]. Marx chegou mesmo a considerar a hipótese de se deslocar 400 quilômetros mais para o sul, em Biskra, vilarejo localizado às portas do Saara, mas as péssimas condições físicas o

---

[1] "Karl Marx to Friedrich Engels", 1º de março de 1882, em MECW, v. 46, p. 214.
[2] Idem.

dissuadiram de enfrentar uma viajem tão desconfortável. Começou, assim, um longo período de complicados tratamentos.

Marx foi levado ao melhor médico de Argel, o dr. Charles Stéphann (1840- -1906), que lhe prescreveu arseniato de sódio para durante o dia e uma mistura de xarope e opiáceos à base de codeína para conseguir repousar à noite. Recomendou- -lhe também reduzir os esforços físicos ao mínimo e não desenvolver "nenhum tipo de trabalho intelectual, exceto uma ou outra leitura de distração"[3]. Apesar disso, em 6 de março a tosse tornou-se ainda mais violenta, provocando sucessivas hemorragias. Marx foi, então, proibido de sair do hotel e mesmo de conversar: "Agora paz, solidão e silêncio são para mim um dever cívico"[4]. Escreveu a Engels que, pelo menos, entre os remédios, "o dr. Stéphann, como o meu querido dr. Donkin [de Londres], não se esqueceu do conhaque"[5].

A terapia mais dolorosa consistiu num ciclo de dez vesicantes. Marx conseguiu realizá-la graças à ajuda de outro paciente que, por sorte, era um jovem farma- cêutico. Por meio de numerosas aplicações de colódio sobre o peito e as costas, e com a subsequente incisão das bexigas que se criavam, o sr. Maurice Casthelaz (?) conseguiu drenar, um pouco de cada vez, o líquido em excesso nos pulmões.

Reduzido a condições penosas, Marx começou a lamentar-se pela decisão de tal viagem. Ao genro Lafargue, queixou-se da falta de sorte, porque "desde a [sua] partida de Marselha", na Costa Azul (o outro destino que havia considerado para passar o inverno), "o tempo estava magnífico"[6]. Na segunda metade de março, confidenciou à filha Jenny: "Com esta expedição, insana e mal pensada, voltei exatamente ao mesmo estado de saúde em que me encontrava quando parti [de Londres]". Confessou-lhe também ter alimentado dúvidas sobre aquela jornada num lugar tão distante, mas que Engels e Donkin estavam inflamados de furor africano, mesmo sem possuírem, nem um nem outro, as informações adequadas[7]. Em sua opinião, "a coisa certa teria sido informar-se antes de aventurar-se em tal 'caçada ao ganso selvagem'"[8].

---

[3] Ibidem, p. 215.
[4] "Karl Marx to Jenny Longuet", 16 de março de 1882, em MECW, v. 46, p. 219.
[5] "Karl Marx to Friedrich Engels", 1º de março de 1882, cit., p. 215.
[6] "Karl Marx to Paul Lafargue", 20 de março de 1882, em MECW, v. 46, p. 221. Ele acrescenta: "Mas o sol africano e o ar milagroso foram uma ideia pela qual não me sinto responsável".
[7] "Karl Marx to Jenny Longuet", 16 de março de 1882, cit., p. 218.
[8] "Karl Marx to Jenny Longuet", 27 de março de 1882, em MECW, v. 46, p. 224. À filha, acrescentou: "Cá entre nós, também na ilha de Wight o tempo estava adverso, mas minha saúde havia realmente melhorado [...]. Em Londres, porém, a agitação de Engels (e também de Lafargue, que delirava e sustentava que os 'passeios', o ar fresco etc. eram tudo de que eu estava precisando) me perturbou. Sentia que não podia aguentar por mais tempo; daí minha

Em 20 de março, Marx escreveu a Lafargue, relatando-lhe que o tratamento havia sido temporariamente suspenso, pois, tanto no tórax quanto nas costas, não lhe sobrava sequer um ponto seco. A visão de seu corpo lhe recordara "uma plantação de melões em miniatura". O sono, contudo, estava "retornando, pouco a pouco", dando-lhe grande alívio: "Quem nunca sofreu de insônia não pode entender o bem-estar que se sente quando o terror das noites sem repouso começa finalmente a diminuir"[9].

Sua angústia cresceu, infelizmente, em consequência da erupção noturna das bolhas, da obrigação de ficar enfaixado e da proibição absoluta de coçar as feridas. Tendo conhecimento, por meio de boletins meteorológicos, de que, após sua partida, o tempo na França "estivera magnífico" e relembrando a previsão inicial de rápida recuperação, Marx comunicou a Engels que "um homem nunca deveria se iludir com visões demasiado otimistas"[10]. Infelizmente, "para uma mente sã num corpo são, ainda havia muito por fazer"[11].

As dores de Marx não diziam respeito apenas ao corpo. Ele se sentia só e escreveu à filha Jenny que "nada seria mais encantador do que Argel, sobretudo a zona rural nos arredores da cidade [...] – desde que estivesse com boa saúde –, se tivesse ao redor todos os que me são caros, especialmente os netos. [...] Seria como em *As mil e uma noites*"[12]. Numa carta seguinte, confidenciou-lhe que gostaria de ver o espanto de Johnny, o mais velho deles, "diante de mouros, árabes, negros, em resumo, desta Babel e dos costumes (em sua maior parte poéticos) deste mundo oriental, mesclado com o 'civilizado' mundo francês e com o entediante mundo britânico"[13].

A Engels, companheiro com quem dividia tudo, revelou ter "profundos ataques de melancolia, parecidos com os do grande Dom Quixote". Seu pensamento voltava-se sempre para a perda da companheira: "Você sabe que poucas pessoas são mais avessas do que eu à ostentação de sentimentos, mas seria mentira não admitir que meu pensamento está preponderantemente absorvido pela recordação da minha mulher, que é parte tão grande da melhor parte da minha vida!"[14]. Para distraí-lo da dor do luto, havia, contudo, o espetáculo da natureza ao redor.

---

impaciência de ir embora de Londres a todo custo! Pode-se também matar por afeto verdadeiramente sincero; [...] em casos semelhantes, nada é tão perigoso para um convalescente!".
[9] "Karl Marx to Paul Lafargue", 20 de março de 1882, cit., p. 221-2.
[10] "Karl Marx to Friedrich Engels", 1º de março de 1882, cit., p. 215.
[11] "Karl Marx to Friedrich Engels", 28-31 de março de 1882, em MECW, v. 46, p. 226.
[12] "Karl Marx to Jenny Longuet", 16 de março de 1882, cit., p. 219.
[13] "Karl Marx to Jenny Longuet", 27 de março de 1882, cit., p. 225.
[14] "Karl Marx to Friedrich Engels", 1º de março de 1882, cit., p. 213.

Afirmou nunca ficar "cansado de olhar o mar em frente à [sua] varanda" e estar encantado pelo "maravilhoso luar sobre a baía"[15].

Marx também estava muito aflito devido ao forçado distanciamento de qualquer atividade intelectual diligente. Desde o início de sua peregrinação, sempre teve consciência de que aquela jornada implicaria "enorme perda de tempo", mas terminara por aceitar as circunstâncias após ter compreendido que a "maldita doença [... estava] danifica[ndo] também a mente do enfermo"[16].

Escreveu a Jenny que, em Argel, a realização de "qualquer trabalho estava fora de questão, o que incluía até mesmo a correção de *O capital*"[17] para a terceira edição alemã. Sobre a situação política da época, limitou-se a ler notícias telegráficas de um modesto jornal local, *Le Petit Colon*, e do único jornal operário que lhe chegava do Velho Continente, *L'Égalité*, sobre o qual comentou, com o sarcasmo de sempre, que aquilo "não podia ser considerado um jornal". Suas cartas da primavera de 1882 mostram como estava "ansioso por voltar a ser ativo e abandonar esta estúpida profissão de inválido"[18], para poder dar fim àquele tipo de "existência inútil, vazia e, ainda por cima, dispendiosa!"[19]. A Lafargue disse, mais tarde, que estava tão empenhado em não fazer nada que se sentia próximo da imbecilidade[20]. Desse testemunho parece transparecer também o temor de não se imaginar apto a retornar à existência habitual.

A progressiva pressão de todos esses acontecimentos desfavoráveis impediu Marx de compreender a fundo a realidade argelina; muito menos lhe foi possível estudar as características da "propriedade comunal entre os árabes", contrariando as expectativas de Engels[21]. Ao longo dos estudos de história da propriedade

---

[15] "Karl Marx to Friedrich Engels", 4 de abril de 1882, em MECW, v. 46, p. 229.
[16] "Karl Marx to Piotr Lavrov", 25 de janeiro de 1882, em MECW, v. 46, p. 184.
[17] Em outubro de 1881, o editor Otto Meissner solicitou a Marx que lhe enviasse quaisquer correções ou acréscimos para uma nova edição do Livro I de *O capital*.
[18] "Karl Marx to Jenny Longuet", 6 de abril de 1882, em MECW, v. 46, p. 230.
[19] "Karl Marx to Friedrich Engels", 20 de maio de 1882, em MECW, v. 46, p. 210.
[20] Ver "Paul Lafargue to Friedrich Engels", 19 de junho de 1882, em Friedrich Engels, Paul Lafargue e Laura Lafargue, *Correspondence*, v. I: *1868-1886* (Moscou, Foreign Languages Publishing House, 1959), p. 87.
[21] Ver "Friedrich Engels to Eduard Bernstein", 22 de fevereiro de 1882, em MECW, v. 46, p. 210-1. Lafargue certamente exagerou ao afirmar que "Marx retornou com a cabeça cheia de África e árabes. Aproveitou a estada em Argel para devorar a biblioteca de lá, porque parece que leu grande número de obras sobre a condição dos árabes" ("Paul Lafargue to Friedrich Engels", 16 de junho de 1882, em Friedrich Engels, Paul Lafargue e Laura Lafargue, *Correspondence*, v. I, cit., p. 83). Como observa Badia, é muito mais provável que Marx não tenha conseguido "aprender muita coisa sobre a situação social e política da colônia francesa. Pelo contrário, [suas] cartas de Argel testemunham sua curiosidade multiforme" (Gilbert Badia, "Marx en Algérie", em Karl Marx, *Lettres d'Alger et de la Côte d'Azur*, Paris, Le Temps des Cerises, 1997, p. 13).

fundiária e das sociedades pré-capitalistas que realizara a partir de 1879, ele já se interessara pela questão da terra na Argélia durante a dominação francesa. Num de seus cadernos de resumos, Marx copiara do texto do historiador russo Maksim Kovalevski, *A propriedade comunal da terra: causas, desenvolvimento de consequências de sua decomposição* (1879), algumas passagens sobre a importância da propriedade comunal antes da chegada dos colonizadores franceses, assim como sobre as transformações introduzidas por estes últimos:

> A constituição da propriedade privada da terra (aos olhos dos burgueses franceses) é uma condição necessária para qualquer progresso nas esferas política e social. A posterior manutenção da propriedade comunal "como forma que sustenta as tendências comunistas nas mentes" [Debates na Assembleia Nacional, 1873] é perigosa, seja para a colônia, seja para a pátria. A distribuição da propriedade entre os clãs é encorajada e até mesmo prescrita; antes de tudo, como meio de enfraquecer as tribos subjugadas, que, no entanto, encontram-se permanentemente sob o impulso da revolta, e, em segundo lugar, como único modo para uma posterior transferência da propriedade fundiária das mãos dos nativos para as dos colonizadores. Essa mesma política foi posta em prática pelos franceses em todos os regimes [...]. O objetivo é sempre o mesmo: a destruição da propriedade coletiva dos indígenas e sua transformação num objeto de livre compra e venda, o que significa simplificar a passagem final para as mãos dos colonizadores franceses.[22]

O projeto de lei sobre a situação argelina, apresentado no parlamento pelo deputado da esquerda republicana Jules Warnier (1826-1899) e aprovado em 1873, tinha como objetivo "a expropriação da terra das populações nativas por parte dos colonizadores europeus e dos especuladores". A desfaçatez dos franceses chegou ao "roubo explícito", isto é, à transformação em "propriedade governamental" de todas as terras não cultivadas que restavam como uso comum dos indígenas. Tal processo estava determinado a produzir outro importante resultado: anular o risco de resistência das populações locais. Sempre por meio das palavras de Kovalevski, Marx sublinhou em suas anotações:

---

[22] Karl Marx, "Excerpts from M. M. Kovalevskij (Kovalevsky), Obschinnoe Zemlevladenie. Prichiny, hod i posledstviya ego razlozheniya", em Lawrence Krader, *The Asiatic Mode of Production. Sources, Development and Critique in the Writings of Karl Marx* (Assen, Van Gorcum, 1975), p. 405. As palavras entre parênteses são acréscimos de Marx, ao passo que a citação "Annales de l'Assemblée Nationale du 1873" (XVII, Paris, 1873), está incluída no livro de Kovalevski. Esses excertos foram redigidos em setembro de 1879. Ver Kevin Anderson, *Marx at the Margins* (Chicago, The University of Chicago Press, 2010), p. 219-20.

O estabelecimento da propriedade privada e o assentamento dos colonizadores europeus [...] tornar-se-á o mais poderoso meio de acelerar o processo de dissolução da união dos clãs. [...] A expropriação dos árabes demandada pela lei [servia]: I) à obtenção de maior quantidade de terra possível para os franceses; e II) à destruição dos vínculos naturais dos árabes com a terra, desmantelando, assim, a última força de união dos clãs e, portanto, dissolvida esta, qualquer perigo de rebelião.[23]

Esse tipo de "individualização da propriedade da terra" teria acarretado, portanto, não apenas um enorme benefício econômico para os invasores, mas também favorecido um "objetivo político [...]: desorganizar as bases daquela sociedade"[24].

Precisamente em 22 de fevereiro de 1882, no jornal argelino *L'Akhbar*, foi publicada uma matéria que documentava as injustiças do sistema que fora criado. Naquela época, em teoria, qualquer cidadão francês, sem deixar seu país, poderia adquirir uma concessão de mais de 100 hectares de terra argelina e depois revendê-la por 40 mil francos a um nativo. Em média, os colonos revendiam a 300 francos qualquer punhado de terra adquirido por 20 a 30 francos[25].

Devido à má saúde, entretanto, Marx não estava em condições de retornar a tais questões – e parece que não ficou sabendo desse artigo. De qualquer forma, sua permanente sede de conhecimento não arrefeceu nem mesmo nas circunstâncias mais adversas. Depois de ter explorado a zona limítrofe ao hotel, onde estava em andamento uma grande obra de reconstrução de casas, ele notou que "embora os operários encarregados dessa obra sejam homens sadios e naturais do local, após os primeiros três dias de trabalho eles já estão acometidos pela febre. Parte de seu salário é, assim, destinada à dose diária de quinino, fornecida pelos empreiteiros"[26].

Entre as observações mais interessantes que conseguiu resumir nas dezesseis cartas redigidas às margens meridionais do Mediterrâneo[27], algumas também

---

[23] Karl Marx, "Excerpts from M. M. Kovalevskij (Kovalevsky), Obschinnoe Zemlevladenie", cit., p. 408 e 411-2.
[24] Ibidem, p. 412.
[25] A propósito, ver Marlene Vesper, *Marx in Algier* (Bonn, Pahl-Rugenstein, 1995), p. 33-4, que traz trechos do artigo "Les Concessions", publicado no diário local.
[26] "Karl Marx to Paul Lafargue", 20 de março de 1882, cit., p. 220. Marx acrescentou que "se pode observar o mesmo costume em diversas regiões da América do Sul".
[27] Esse número refere-se apenas às cartas conservadas. Na verdade, Marx escreveu outras. Parte das endereçadas à filha Eleanor infelizmente foi perdida: "De Argel, escreveu-me longas cartas. Muitas dessas já não possuo mais, pois, segundo seu desejo, enviei-as também a Jenny, e esta, depois, devolveu-me apenas umas poucas" (Eleanor Marx, em Hans Magnus Enzensberger [org.], *Gespräche mit Marx und Engels*, Frankfurt, Insel, 1973, v. 2, p. 578).

formuladas, em parte, à luz de uma visão ainda colonial, destacam-se aquelas sobre as relações sociais entre os muçulmanos.

Após ter ficado profundamente impressionado com o porte dos árabes – a propósito do que escreveu: "Mesmo o mais pobre dos mouros supera o maior comediante europeu 'na arte de cobrir-se com seu manto' e de manter postura natural, elegante e digna"[28] – e com a mistura existente entre suas classes sociais, na metade de abril, Marx relatou à filha Laura ter visto alguns árabes jogando cartas, "vestidos de forma pretensiosa, quase opulenta", com outros que trajavam "camisas surradas e rasgadas". E comentou que, para um "verdadeiro muçulmano",

> riqueza e pobreza não tornam os filhos de Maomé uns diferentes dos outros. A absoluta igualdade em suas relações sociais não é influenciada por elas. Pelo contrário, são notadas apenas pelos desonestos. No que se refere ao ódio pelos cristãos e à esperança numa vitória definitiva sobre os infiéis, seus políticos consideram, com razão, que o sentimento e a prática de absoluta igualdade (não de riqueza e renda, mas da pessoa) são garantias para manter vivo o ódio e não abandonar a esperança. Ambos, no entanto, sem um movimento revolucionário, caminham para a ruína.[29]

Marx também ficou maravilhado com a escassíssima presença do Estado:

> Em nenhuma outra cidade-sede do governo central existe tal *laisser-faire, laisser-passer*. A polícia está reduzida ao mínimo necessário; uma insolência pública nunca vista. Na origem de tudo isso está o elemento mourisco. De fato, os muçulmanos não conhecem a subordinação. Não são "súditos" nem "governados"; [não há] nenhuma autoridade, salvo em questões políticas, mas parece que isso os europeus não entenderam.[30]

Destes últimos, Marx atacou, com desdém, os violentos abusos de poder, os repetidos atos de provocação e – não menos importante – "a despudorada arrogância, a presunção e a obsessão de vingar-se como Moloch" diante de qualquer ato de rebelião da população local. Destacou, além disso, que, relativamente aos danos produzidos pelas grandes potências na história das ocupações coloniais, "os britânicos e os holandeses supera[va]m em muito os franceses". No que concerne

---

[28] "Karl Marx to Jenny Longuet", 6 de abril de 1882, cit., p. 231-2.
[29] "Karl Marx to Laura Lafargue", 13-14 de abril de 1882, em MECW, v. 46, p. 241-2.
[30] Ibidem, p. 238.

a Argel, ele relatou a Engels que o amigo Fermé lhe contara que, durante sua carreira de juiz, vira que

> alguma forma de tortura era usada (com regularidade) para arrancar confissões dos árabes (naturalmente, isso é feito pela polícia, tal como os ingleses na Índia). [...] Se, por exemplo, um bando de árabes perpetra qualquer atrocidade, em geral com o objetivo de roubar, e com o passar do tempo os verdadeiros autores são devidamente presos, condenados e executados, para a família de colonizadores atingida isso não basta como punição. Esta última exige, ainda por cima, a prisão de pelo menos meia dúzia de árabes inocentes. [...] O colonizador que vive entre as "raças inferiores", seja como residente, seja de passagem por motivos de negócios, em geral se considera mais intocável que Guilherme I.[31]

Marx voltou ao assunto em outra circunstância, quando quis relatar a Engels uma brutalidade perpetrada pelas autoridades francesas contra um "pobre árabe, matador de aluguel". Antes de ser executado, este descobriu que não seria "fuzilado, mas guilhotinado! E isso contrariando os acordos! Contrariando promessas [...], apesar de ter sido combinada outra coisa". Ademais:

> Os parentes aguardavam a entrega do corpo e da cabeça (como os franceses sempre haviam permitido até então), de forma que pudessem costurar esta àquele e sepultar, portanto, "o todo". Mas este não! Gritos, protestos e imprecações; pela primeira vez, as autoridades haviam recusado, negado! Se o corpo chegar ao paraíso agora, Maomé perguntará: "Onde você deixou a cabeça?". Ou então: "O que aconteceu para a cabeça estar separada do corpo?". [Dirá:] "Você não é digno do Paraíso. Vá embora e junte-se àqueles cães cristãos!". E, assim, os parentes choram e desesperam-se.[32]

Ao lado dessas observações sociais e políticas, suas cartas incluíam relatos de costumes. À filha Laura, ele narrou uma breve história que o havia divertido muito, dado a pessoa prática que era:

> Sobre as águas turbulentas de um rio, um barqueiro está à espera, com seu pequeno barco. Chega um filósofo, que deseja ir à outra margem, e sobe a bordo. Eis o diálogo que se segue:
> Filósofo: Barqueiro, você sabe história?
> Barqueiro: Não!

---

[31] "Karl Marx to Friedrich Engels", 8 de abril de 1882, em MECW, v. 46, p. 234.
[32] "Karl Marx to Friedrich Engels", 18 de abril de 1882, em MECW, v. 46, p. 247.

Filósofo: Então perdeu a metade da vida. E estudou matemática?
Barqueiro: Não!
Filósofo: Então perdeu mais da metade da vida.
Essas palavras apenas haviam acabado de sair da boca do filósofo, quando o vento virou o barco e ambos, barqueiro e filósofo, foram lançados na água.
Então, o barqueiro disse: Você sabe nadar?
Filósofo: Não!
E o barqueiro: Então, perdeu a vida inteira.[33]

Marx comentou jocosamente: "Isso lhe dará uma ideia básica das coisas árabes"[34].

Após outros dois meses de sofrimento, as condições de Marx melhoram, e o retorno para a França tornou-se finalmente possível. Antes de partir, compartilhou com Engels uma última surpresa: "Por causa do sol, tirei a barba de profeta e a cabelama que me coroava a cabeça, mas (em deferência às minhas filhas) tirei uma fotografia antes de sacrificar os cabelos no altar de um barbeiro argelino"[35]. Foi nessas circunstâncias, portanto, que foi tirado seu último instantâneo. A imagem é completamente diferente do perfil granítico de tantas estátuas erigidas nas praças das capitais do "socialismo real", com o qual o poder escolheu representá-lo. O bigode, à maneira de suas ideias, não havia perdido a cor da juventude, e o rosto, apesar das grandes amarguras da vida, apresentava-se ainda benevolente, modesto e sorridente[36].

2. Um republicano no principado

Mais uma vez, Marx foi atormentado pelo tempo ruim. Durante os "últimos dias africanos"[37], sua saúde foi posta a duras provas pela chegada do vento siroco, e a viagem a Marselha, onde desembarcou em 5 de maio, dia de seu 64º aniversário, foi muito turbulenta. Como revelou à filha Eleanor, a travessia ocorreu em péssimas condições meteorológicas: "Uma violenta tempestade transformou

---

[33] "Karl Marx to Laura Lafargue", 13-14 de abril de 1882, cit., p. 243.
[34] Idem
[35] "Karl Marx to Friedrich Engels", 28 de abril de 1882, em MECW, v. 46, p. 249.
[36] Marx disse que, embora não tivesse tido "um único dia de paz completa", nas oito semanas prévias ao encontro com o fotógrafo "conseguira, uma vez mais, fazer boa cara a mau tempo" (idem). Engels ficou muito contente com a aparência do amigo e escreveu: "Em Argel [Marx] tirou uma fotografia, e seu aspecto voltou, de fato, àquele de outros tempos" ("Friedrich Engels to August Bebel", 16 de maio de 1882, em MECW, v. 46, p. 259). Ver também Marlene Vesper, *Marx in Algier*, cit., p. 130-5.
[37] "Karl Marx to Friedrich Engels", 8 de maio de 1882, em MECW, v. 46, p. 253.

minha cabine [...] num autêntico túnel de vento". Tendo chegado ao destino, o vapor não atracou, e os passageiros foram transportados em barcas ao cais e depois, "para maior satisfação, passaram várias horas numa fria e ventosa aduana--purgatório antes de retomarem a viagem para Nice". Essas atribulações extras foram deletérias para Marx, visto que, como escreveu com seu habitual sarcasmo, "estragaram novamente minha máquina" e o obrigaram, tão logo desembarcou em Monte Carlo, a cair "nas mãos de um esculápio"[38].

A pessoa a quem confiou seu tratamento foi o dr. Kunemann (1828-?), ótimo médico originário da Alsácia, especialista em enfermidades pulmonares[39]. Infelizmente, descobriu que a bronquite se tornara crônica e, para terror de Marx, "a pleurite voltara"[40]. As viagens haviam se revelado, mais uma vez, deletérias, e Marx comentou com Engels (utilizando, como costumava fazer, referências literárias): "O 'destino' agiu com terrível coerência, quase como nas tragédias [de Amandus] Müllner" (1774-1829), dramaturgo alemão em cujas obras esse fator exerce papel determinante na existência humana. Fez-se indispensável, então, uma nova série de quatro tratamentos vesicantes, realizados entre 9 e 30 de maio.

Devendo necessariamente recuperar-se para poder partir de novo, Marx passou três semanas no principado de Mônaco. Suas descrições do ambiente que o circundava mesclam grande espírito de observação e crítica social. Comparou Monte Carlo a Gérolstein, o minúsculo Estado imaginário onde o compositor Jacques Offenbach (1819-1880) ambientara a ópera *La Grande-Duchesse de Gérolstein*.

Durante sua estada, Marx foi muitas vezes à sala de leitura do famoso Cassino, que oferecia uma boa seleção de jornais internacionais, e relatou a Engels que seus "companheiros de refeição no Hôtel de Russie" e, mais em geral, o público que se encontrava na cidade "estavam mais interessados no que acontece nas salas de jogo do cassino". As cartas desse período alternam observações divertidas sobre algumas pessoas que conheceu – como "um intratável filho da Grã Bretanha" que se encontrava "mal-humorado e nervoso" porque havia "perdido um discreto número de dobrões de ouro enquanto estava absolutamente decidido a 'afanar' dinheiro de alguém" – com comentários sardônicos: "Não compreende[u] que a deusa da Fortuna não se deixa intimidar nem mesmo pela grosseria britânica"[41].

---

[38] "Karl Marx to Eleanor Marx", 28 de maio de 1882, em MECW, v. 46, p. 267.
[39] Ver "Karl Marx to Friedrich Engels", 5 de junho de 1882, em MECW, v. 46, p. 273.
[40] "Karl Marx to Friedrich Engels", 20 de maio de 1882, cit., p. 262. Marx não contou o ocorrido às filhas porque elas teriam se "preocupado em vão", informando apenas a Engels "os últimos acontecimentos" (ibidem, p. 264).
[41] "Karl Marx to Friedrich Engels", 8 de maio de 1882, cit., p. 254.

O retrato mais incisivo daquela realidade que ele tanto estranhava, porém, foi oferecido à filha Eleanor, numa carta escrita pouco antes de partir:

> À mesa de refeições e nos cafés, fala-se e sussurra-se quase exclusivamente a respeito das mesas da roleta e do *Trente et quarante*. De vez em quando alguém ganha alguma coisa, por exemplo, 100 francos por uma jovem senhora, esposa de um diplomata russo [...], que, em compensação, perdeu 6 mil; às vezes um ou outro não tem mais dinheiro para a viagem de volta. Outros ainda perdem no jogo imensas fortunas de família. São pouquíssimos os jogadores que conseguem arrebatar uma parte do butim [...], e estes são quase exclusivamente os ricos. Aqui não podem entrar nem a razão nem o cálculo; ninguém pode contar com nenhuma probabilidade de ser favorecido pela sorte, a não ser que tenha uma considerável soma para arriscar.[42]

O frenesi que respirava no ar não se confinava aos salões de jogo e ao horário noturno, mas impregnava toda a cidade e o dia inteiro de seus visitantes. Numa zona adjacente ao cassino, por exemplo, encontrava-se

> um quiosque que, todos os dias, é adornado por um cartaz, não impresso, mas escrito a mão e assinado com as iniciais do autor. Por 600 francos ofertam-se, preto no branco, os segredos da ciência para ganhar 1 milhão de francos apostando mil [...]. Conforme se diz, não é raro que muitos caiam nessa armadilha. A maior parte dos jogadores e das jogadoras acredita que nesses jogos de puro azar há algo de científico. Os senhores e as senhoras encontram-se diante do Café de Paris, sentam-se em frente ao maravilhoso jardim que pertence ao cassino ou nos bancos lá dentro, com a cabeça pendente sobre pequenas tabelas impressas, rabiscando e calculando, enquanto um explica ao outro seu "sistema" preferido, o motivo pelo qual é oportuno jogar em "série" etc. É como observar internos de um manicômio.[43]

Enfim, para Marx, era evidente que "a base econômica de Mônaco-Gérolstein é o cassino; se este fechasse amanhã, seria o fim de Mônaco-Gérolstein!". Sem

---

[42] "Karl Marx to Eleanor Marx", 28 de maio de 1882, cit., p. 268.
[43] Ibidem, p. 269. O engenheiro inglês Joseph Jaggers (1830-1892) descobriu, entretanto, o sistema para quebrar a banca sem recorrer a nenhum método científico, mas estudando, simplesmente, uma disfunção mecânica. Em 1873, ele se deu conta da existência de uma roleta mais desbalanceada que as outras, na qual nove números saíam com maior frequência que os outros. Conseguiu ganhar 1,5 milhão de francos antes que o cassino percebesse o defeito e providenciasse seu reparo com uma simples manutenção.

a existência do cassino, "nem Nice, elitista como o mundo de aventureiros que passa[va]m ali os meses do inverno, [teria] continu[ado] a ser um lugar de moda [...]. E, apesar de tudo isso, esta casa de jogo parece tão infantil em comparação com a Bolsa!"[44].

Após o último tratamento vesicante, o dr. Kunemann deu alta a Marx, com a permissão de voltar a viajar, mas não sem antes aconselhá-lo a "ficar uns dois dias em Cannes, porque assim o exigia a drenagem das feridas produzidas". Na elitista localidade francesa, Marx traçou um balanço do período transcorrido na Costa Azul:

> Passei um mês inteiro vegetando neste covil de aventureiros refinados e ociosos. A natureza é esplêndida, mas, de resto, é um buraco enfadonho [...]. Não há nenhuma "massa" plebeia, com exceção dos garçons do hotel e dos cafés e dos serviçais, que pertencem ao lumpemproletariado.[45]

As condições climáticas mais adversas continuaram a exacerbar-se e voltar-se contra ele. Durante os três dias transcorridos em Cannes, a pequena cidade foi excepcionalmente atingida por "um forte vento (se bem que quente) e por redemoinhos de poeira", dos quais se ocupou "toda a imprensa local da Riviera". Marx reagiu com autoironia, brincando com Engels: "Até a natureza conta com certo humor filisteu (como – já humoristicamente antecipado no Antigo Testamento – o da serpente que se nutre de lama ou o da dieta de terra dos vermes de Darwin)"[46].

Por fim, na mesma carta, Marx deteve-se na descrição das últimas recomendações recebidas do médico: "Comer bem e muito, 'acostumar-se a isso' mesmo contra a própria natureza; 'beber algo bom'; distrair-se com viagens [...]; pensar o menos possível". Ele não pôde abster-se de comentar: "Seguindo essas 'instruções', estou bem a caminho da imbecilidade e nem me livrei do catarro brônquico". Como consolação, recordou ao amigo que o esperava em Londres que "foi a bronquite que mandou o velho Garibaldi para 'o eterno repouso'". De qualquer forma, afirmou estar convicto de que, "em certa idade, é completamente indiferente saber por qual motivo se é 'enviado para a eternidade'"[47].

Cerca de quatro meses depois da partida, em 7 de junho, Marx finalmente teve condições de pegar o trem que, no dia seguinte, o levaria à casa da filha em Argenteuil. Antes de empreender a viagem, solicitou que ela não se preocupasse

---

[44] Ibidem, p. 268.
[45] "Karl Marx to Friedrich Engels", 5 de junho de 1882, cit., p. 272.
[46] Ibidem, p. 274.
[47] Idem.

com sua chegada – "até hoje, sempre reconheci que, para mim, não há coisa pior do que alguém estar a esperar-me na estação" – e que não anunciasse seu retorno a nenhum dos companheiros, nem mesmo a Lafargue. Ele ainda tinha "necessidade de tranquilidade absoluta"[48] e, como comunicou também a Engels, sentia que era "ainda necessário reduzir ao máximo o trato com as pessoas"[49]. O gigante estava cansado, sentia estar próximo do fim de seu caminho e escreveu a Jenny palavras semelhantes às de todos os mortais comuns: "Por 'tranquilidade' entendo 'a vida doméstica', a 'balbúrdia das crianças', aquele 'mundo microscópico' mais interessante do que o 'macroscópico'"[50].

Logo após a chegada a Argenteuil, Marx comparou sua existência à de um "detent[o] em liberdade vigiada", visto que, como era habitual nesse tipo de prisioneiro, também ele devia sempre "apresentar-se ao médico que ficasse mais perto de [seu] próximo paradeiro"[51]. O médico da casa Longuet, Gustave Dourlen, conhecia bem Marx e aconselhou-o a "experimentar, durante algumas semanas, as águas sulfurosas de Enghien[-les-Bains]"[52], localidade dos arredores, onde poderia consultar o dr. Feugier (?).

No entanto, o clima, ainda muito instável, não permitiu o início imediato do tratamento; além disso, contribuiu para aumentar as dores, devido a "um reumatismo muscular na altura do quadril"[53].

Foi somente nos primeiros dias de julho que Marx pôde, por fim, com certa regularidade, tomar os banhos sulfurosos, tratamento que lhe proporcionou grande melhora. Com o tom sarcástico habitual, assim descreveu, para Engels, as operações a que se submetia repetidamente:

---

[48] "Karl Marx to Jenny Longuet", 4 de junho de 1882, em MECW, v. 46, p. 271.
[49] "Karl Marx to Friedrich Engels", 5 de junho de 1882, cit., p. 274. As cartas de Marx são frequentemente ricas em referências literárias. No presente caso, ele alude à obra de Adolph von Knigge (1752-1796), *Sobre como lidar com as pessoas* (1788).
[50] "Karl Marx to Jenny Longuet", 4 de junho de 1882, cit., p. 272.
[51] "Karl Marx to Friedrich Engels", 9 de junho de 1882, em MECW, v. 46, p. 275.
[52] Idem. Como relatou Engels, "em relação a suas próximas peregrinações, os médicos decidirão" ("Friedrich Engels to Friedrich Sorge", 20 de junho de 1882, em MECW, v. 46, p. 278).
[53] "Karl Marx to Friedrich Engels", 24 de junho de 1882, em MECW, v. 46, p. 284. Sobre as péssimas condições meteorológicas que o perseguiram mesmo depois de retornar à casa da filha, Lafargue observou: "Os parisienses estão desesperados, nunca tiveram um junho como este. É tão horrível que até parece que se está na Inglaterra. Para onde vai, Marx carrega o mau tempo. Disse-me que em todo lugar aonde foi até agora, todos reclamavam do tempo ruim; ele chegava e se sentava a uma mesa: ontem estava ótimo, hoje, terrível. 'É culpa minha', dizia Marx, 'levo o tempo ruim comigo'. Se vivesse na Idade Média, teria sido posto na fogueira como feiticeiro" ("Paul Lafargue to Friedrich Engels", 16 de junho de 1882, cit., p. 85).

Na sala de inalação, o ar é denso de vapores sulfurosos; aqui se permanece por 30-40 minutos; a cada 5 minutos, sentados a uma mesa, aspira-se um vapor carregado de um enxofre especial pulverizado [...]. Todos somos envoltos da cabeça aos pés, como múmias, numa borracha elástica; depois disso, marchamos, um atrás do outro, em volta da mesa: inocente cena do inferno dantesco.[54]

A rotina dos tratamentos termais foi acompanhada do tempo transcorrido com a família da filha, sobretudo com os netos. Quando voltava de Enghien-les-Bains, após repousar, à tarde ia regularmente fazer "uma caminhada e dar umas voltas com as crianças, com consequências sobre a audição e a visão (para não falar do intelecto) ainda mais nocivas do que as experimentadas com o Hegel da *Fenomenologia* [*do espírito*]".

Todavia, não obstante os esforços e seu máximo empenho, o catarro bronquial ainda não havia "dado seu último suspiro" e os médicos sugeriram a Marx prosseguir o tratamento até a metade de agosto. No geral, porém, suas condições estavam melhores, permitindo-lhe até mesmo, no início do mês, encontrar-se com alguns dirigentes do movimento operário parisiense. Da reunião participaram José Mesa (1840-1904), Lafargue, Gabriel Deville (1854-1940) e Jules Guesde; como ele relatou a Engels, "era a primeira vez", após vários meses, "que [havia] consentido numa reunião desse tipo. É sempre a discussão animada e a conversa fiada, que me cansam... *post festum*"[55].

Marx realizou "a última peregrinação à sala de inalação" em 20 de julho do mesmo mês. Na consulta de despedida do dr. Feugier, este lhe disse que "o ruído do atrito pleural continua[va] no *status quo*, circunstância plenamente prevista". Em acordo com o colega Dourlen, aconselhou-o a ir ao lago de Genebra, "de onde chegam notícias meteorológicas favoráveis", na esperança de que "os últimos vestígios do [...] catarro brônquico desaparecessem sozinhos"[56].

Desta vez, Marx, não podendo expor-se "sozinho aos riscos de uma viagem", foi escoltado pela filha Laura, a quem lembrou que era seu dever "acompanhar o velho da montanha", comparando-se ironicamente ao ismaelita Rashid ad-Din

---

[54] "Karl Marx to Friedrich Engels", 4 de julho de 1882, em MECW, v. 46, p. 291.
[55] "Karl Marx to Friedrich Engels", 3 de agosto de 1882, em MECW, v. 46, p. 297-8.
[56] "Karl Marx to Friedrich Engels", 21 de agosto de 1882, em MECW, v. 46, p. 308. Engels, nesse ínterim, escreve a Jenny: "Temos todos os motivos para ficar animados com as melhoras advindas, apesar do clima desfavorável que o perseguiu obstinadamente e de três pleurites, duas delas muito graves. [...] Um pouco mais de Enghien ou de Cauterets para debelar os resíduos da bronquite, seguidos de um tratamento climático nos Alpes ou nos Pirineus, o recuperarão completamente e lhe permitirão retomar o trabalho" ("Friedrich Engels to Jenny Longuet", 27 de agosto de 1882, em MECW, v. 46, p. 315-6).

Sinan (1132/1135-1192), líder da seita dos Assassinos, que desempenhou função importante na época da Terceira Cruzada[57].

Antes de partir, Marx recebeu uma carta de um correspondente parisiense de vários "jornais teutônicos". Este, que se declarara seu "humilde e devoto servidor", solicitara-lhe uma entrevista, alegando como motivo o fato de "que todos os círculos da 'sociedade' alemã estavam ansiosos por receber notícias oficiais sobre [seu] estado de saúde". Marx relatou a Engels que, "naturalmente, não [havia] respondido àquele escriba lambe-botas"[58].

A primeira etapa da viagem, empreendida apenas durante as horas diurnas a fim de "evitar qualquer motivo para recaída"[59], foi Lausanne. Marx chegou com um resfriado contraído após seu encontro, ocorrido antes da partida, com Joseph Roy (1830-1916), tradutor de *O capital* para a língua francesa. A despeito das previsões favoráveis dos boletins meteorológicos, foi acolhido por um clima "úmido e relativamente frio". Assim relatou a Engels: "Minha primeira pergunta ao garçom foi: desde quando está chovendo? Resposta: tem estado chuvoso apenas nos dois últimos dias (portanto, desde o momento de minha partida de Paris). Que estranho!"[60].

O destino final da viagem foi a cidadezinha de Vevey, situada na margem nordeste do lago de Genebra. Marx escreveu a Engels que "continu[ava] a tossir", mas que, ao mesmo tempo, tudo corria bem: "Vivemos como no país da Cocanha"[61]. Sua companhia lhe fazia muita falta, e ele tentou convencer o amigo a sair de Londres e juntar-se a ele. Engels, porém, estava mais preocupado com a gestão de todos os problemas práticos, a fim de continuar a garantir a Marx os tratamentos agora recorrentes: "Ficaria extremamente contente em partir para encontrá-lo, mas, se me acontece qualquer coisa, ainda que temporária, seria um verdadeiro pandemônio para todas as nossas questões financeiras"[62]. Marx compreendeu e expressou, mais uma vez, sua gratidão: "O altruísmo que você demonstra para comigo é incrível e, frequentemente, envergonho-me em silêncio"[63].

Após o retorno à casa de Laura, em Paris, no fim do mês, Marx dirigiu-se novamente ao médico, a fim de obter "permissão para atravessar o canal da Mancha"[64]. O dr. Dourlen o considerou "muito melhor [e...] perto de me livrar

---

[57] "Karl Marx to Laura Lafargue", 17 de junho de 1882, em MECW, v. 46, p. 277.
[58] "Karl Marx to Friedrich Engels", 24 de agosto de 1882, em MECW, v. 46, p. 311.
[59] "Karl Marx to Friedrich Engels", 21 de agosto de 1882, cit., p. 308.
[60] "Karl Marx to Friedrich Engels", 24 de agosto de 1882, cit., p. 310.
[61] "Karl Marx to Friedrich Engels", 4 de setembro de 1882, em MECW, v. 46, p. 317.
[62] "Friedrich Engels to Karl Marx", 12 de setembro de 1882, em MECW, v. 46, p. 319.
[63] "Karl Marx to Friedrich Engels", 16 de setembro de 1882, em MECW, v. 46, p. 326.
[64] "Karl Marx to Friedrich Engels", 28 de setembro de 1882, em MECW, v. 46, p. 337.

deste obstinado catarro". Para tanto, impôs-lhe não permanecer "em Londres por mais de quinze dias, ou no máximo por três semanas, se o tempo estiver ótimo. [...] A temporada de inverno [... deveria] começar, a tempo, na ilha de Wight". De qualquer forma, ironizou, dizendo ao amigo que o esperava na Inglaterra: "Se o governo francês fosse informado de minha presença aqui, provavelmente me mandaria embora, mesmo sem a permissão do dr. Dourlen"[65].

3. "Tudo o que sei é que não sou marxista"

Em Londres, os dias passaram depressa. Em 9 de outubro, Marx escreveu à filha Laura que a "tosse ainda incomodava"[66] e que devia tentar "livrar-se dela por completo, antes de voltar a ser perfeitamente eficiente". A chegada do outono trouxe umidade e névoa. O dr. Donkin, ao qual ele retornara para tratamento, recomendou-lhe transferir-se novamente para a ilha de Wight. Antes de partir, Marx passou um dia inteiro com Engels – que escreveu a Lafargue: "Esteve aqui para almoçar comigo, à noite jantamos todos na casa dele e, depois, ficamos bebendo rum até uma da manhã"[67] – e, em 30 de outubro, retornou a Ventnor.

Pouco depois de chegar, no entanto, Marx voltou a piorar, dessa vez devido a um reumatismo "perto da velha área de minha pleurite recorrente"[68]. Foi obrigado, assim, a conhecer mais um médico, o dr. James Williamson (?), que lhe prescreveu uma medicação à base de "quinino [...], morfina e clorofórmio"[69]. Além disso, para que seus "passeios ao ar livre" não sofressem influência das "oscilações de temperatura, [ele foi] novamente obrigado a carregar o respirador, para utilizar em caso de necessidade"[70].

---

[65] "Karl Marx to Friedrich Engels", 30 de setembro de 1882, em MECW, v. 46, p. 339.
[66] "Karl Marx to Laura Lafargue", 9 de outubro de 1882, em MECW, v. 46, p. 338.
[67] "Friedrich Engels to Paul Lafargue", 30 de outubro de 1882, em MECW, v. 46, p. 352. Dois dias antes, Engels escrevera a August Bebel, na Alemanha: "M[arx] partirá depois de amanhã [...]. Está em plena recuperação e, se não houver recaída da pleurite, no próximo outono estará mais forte do que jamais esteve nestes últimos anos" ("Friedrich Engels to August Bebel", 28 de outubro de 1882, em MECW, v. 46, p. 351). Logo depois, porém, Engels forneceu uma imagem menos otimista e mais verdadeira da situação: "[Marx] estava tão cansado de idas e vindas sem fazer nada que um novo exílio no sul da Europa teria, provavelmente, sido tão danoso a seu moral quanto lhe teria sido útil fisicamente. Com o advento da névoa em Londres, partiu para a ilha de Wight" ("Friedrich Engels to Friedrich Sorge", 15 de março de 1883, em MECW, v. 46, p. 461).
[68] "Karl Marx to Eleanor Marx", 10 de novembro de 1882, em MECW, v. 46, p. 371.
[69] "Karl Marx to Friedrich Engels", 11 de novembro de 1882, em MECW, v. 46, p. 375.
[70] "Karl Marx to Friedrich Engels", 3 de agosto de 1882, cit., p. 296.

Em tais condições e após um "longo período de ofuscamento intelectual"[71], Marx acreditou ser impossível voltar a dedicar-se à preparação da terceira edição alemã de *O capital*; e, de fato, em 10 de novembro, escreveu à filha Eleanor, que foi a seu encontro poucos dias depois, com o neto Johnny: "Dadas as circunstâncias, ainda não comecei a trabalhar seriamente, mas tenho me ocupado com uma coisa ou outra como forma de preparação"[72]. Nesse período, Marx retomou os estudos de antropologia e transcreveu algumas das páginas mais interessantes do livro *The Origin of Civilisation and the Primitive Condition of Man* [A origem da civilização e a condição primitiva do homem] (1870), de John Lubbock (1834-1913).

Engels o atualizava constantemente sobre a situação em Londres – "Em sua casa está tudo bem, mas a cerveja é ruim em todos os lugares; a única boa é aquela alemã, no West End"[73] –, mas Marx não pôde retribuir com notícias positivas. A tosse aumentara e manifestara-se também uma incômoda rouquidão. Por isso, foi novamente "condenado a permanecer recluso", impossibilitado de deixar o quarto "até passar a inflamação"[74], como lamentou com o amigo.

Em 14 de dezembro, escreveu à filha Laura que "há cerca de duas semanas, devido a um catarro traqueal, [estava] obrigado à prisão domiciliar". Também acrescentou que vivia "como um eremita: não vejo ninguém, salvo as visitas do dr. Williamson"[75], que, por causa do tempo "muito úmido e chuvoso", não lhe havia permitido sair "até que faça tempo bom"[76].

Apesar de todas as adversidades, Marx não desistiu, na medida do possível, de comentar os acontecimentos mais atuais e as posições dos dirigentes do movimento operário. Disse que estava "farto" de alguns deles pelo uso de "certa [...] fraseologia ultrarrevolucionária que sempre considerei 'vazia', especialidade que os nossos fariam bem em delegar aos chamados anarquistas, que, na verdade, são os pilares da ordem existente, não os criadores da desordem"[77].

Da mesma forma, não poupou aqueles que não se mostravam capazes de conservar uma posição de classe autônoma e advertiu sobre a imperiosa necessidade, por parte dos trabalhadores, de opor-se às instituições e à retórica do Estado. De fato, quando o presidente do Congresso das Cooperativas e deputado Joseph Cowen (1829-1900) – que Marx considerava "o melhor entre os parlamentares

---

[71] "Karl Marx to Friedrich Engels", 8 de novembro de 1882, em MECW, v. 46, p. 365.
[72] "Karl Marx to Eleanor Marx", 10 de novembro de 1882, cit., p. 371.
[73] "Friedrich Engels to Karl Marx", 23 de novembro de 1882, em MECW, v. 46, p. 385.
[74] "Karl Marx to Friedrich Engels", 4 de dezembro de 1882, em MECW, v. 46, p. 392.
[75] "Karl Marx to Laura Lafargue", 14 de dezembro de 1882, em MECW, v. 46, p. 399.
[76] "Karl Marx to Friedrich Engels", 18 de dezembro de 1882, em MECW, v. 46, p. 409.
[77] "Karl Marx to Laura Lafargue", 14 de dezembro de 1882, cit., p. 398.

ingleses" – justificou a invasão do Egito pela Inglaterra[78], ele revelou à filha Eleanor sua mais completa desaprovação.

Em primeiro lugar, lançou-se contra o governo: "Que beleza! Não poderia haver exemplo mais descarado de hipocrisia cristã do que essa 'conquista' do Egito, uma ocupação em pleno tempo de paz!". Ademais, atacou Cowen, que, num discurso público de 8 de janeiro de 1883 em Newcastle, expressara sua admiração por "essa 'ação heroica', [pelo] 'esplendor da [...] parada militar'", e "ostentava um sorri[so] complacente diante da encantadora cena de todos aqueles postos militares ofensivos, fortificados entre o Atlântico e o oceano Índico e, além disso, de um império 'afro-britânico', que se estendia do delta do Nilo à região do Cabo". Era o "estilo inglês", caracterizado pelo respeito aos "interesses da 'pátria'".

Para Marx, em questões de política externa, Cowen não passava do típico exemplo daqueles "pobres burgueses britânicos que, arruinando-se, assumem 'responsabilidades' cada vez maiores a serviço de sua missão histórica, enquanto protestam, em vão, contra ela"[79]. Também se interessou fortemente pelo aspecto econômico do acontecimento, como demonstram as oito páginas de excertos que transcreveu da matéria "Egyptian Finance", de Michael George Mulhall (1836-1900), publicada na edição de outubro da revista londrina *The Contemporary Review*[80].

Até o fim da vida, portanto, Marx criticou, com zelo inflexível, as nações que sempre considerara as principais responsáveis pelo reacionarismo na Europa: Reino Unido e Rússia. A esta última ele dedicou grande atenção e, mesmo no outono de 1882, como demonstram dois dos últimos cadernos de notas redigidos por ele, interessou-se por todas as transformações ali ocorridas[81]. Em particular, Marx estudou algumas obras recém-publicadas, nas quais eram analisadas as novas relações socioeconômicas surgidas após a reforma agrária de 1861, por meio da qual a servidão fora abolida. Entre os livros por ele resumidos, estavam *Os camponeses à época da imperatriz Catarina II* (1881), de Vasili Semevski (1848-1916), *O artel na Rússia* (1881), de Andrei Isaev (1851-1924), *A propriedade comunal*

---

[78] Marx referia-se à guerra anglo-egípcia, que, em 1882, foi travada pelas forças egípcias, lideradas por Ahmad Urabi (1841-1911), e pelas tropas do Reino Unido. Essa guerra foi encerrada com a batalha de Tell al-Kebir (13-14 de setembro de 1882), que pôs fim à chamada revolta de Urabi, iniciada em 1879. Seu resultado possibilitou a criação de um protetorado inglês no Egito.

[79] "Karl Marx to Eleanor Marx", 9 de janeiro de 1883, em MECW, v. 46, p. 423.

[80] Ver International Institute of Social History (IISH), *Karl Marx – Friedrich Engels Papers*, B168, p. 11-8.

[81] Ver ibidem, A 113 e B 167. Este último caderno contém a lista "Russo nas minhas prateleiras", ou seja, uma relação de publicações naquele idioma presentes na biblioteca pessoal de Marx. Tal lista permite deduzir sua intenção de voltar ao assunto, se tivesse tido forças e tempo.

rural na província de Arcanjo (1882), de Gerard Mineiko (1832-1888) e *O futuro do capitalismo na Rússia* (1882), de Vasili Voronkov (1847-1918); além de trabalhos mais datados, como *A questão camponesa à época de Alexandre II* (1862), de Aleksander Skrebicki (1827-1915), e *Na periferia e na capital* (1870), de Fedor Elenev (1827-1902), que assinara sua obra com o pseudônimo de Skaldin[82].

Naquele período, alguns artigos, surgidos em São Petersburgo, relatavam "a grande disseminação das [su]as teorias naquele país". Marx alegrou-se profundamente com isso, uma vez que, como disse à filha: "Em nenhum outro lugar meu sucesso me proporciona maior prazer. Dá-me a satisfação de golpear uma potência que, junto com a Inglaterra, é o verdadeiro baluarte da velha sociedade"[83].

Por outro lado, sua crítica não poupava ninguém. Na França, por exemplo, depois do nascimento do Partido Operário, em setembro de 1882, Marx invectivou contra os maridos de suas filhas mais velhas, aos quais, numa carta a Engels, referiu-se com os seguintes termos irados: "Longuet é o último proudhoniano, e Lafargue é o último bakuninista; que vão para o inferno!"[84]. Da mesma maneira, irou-se várias vezes com aqueles que se declaravam seguidores de suas ideias sem as conhecer. Em relação a estes, proferiu com ironia e presença de espírito: "Tudo o que sei é que não sou marxista"[85].

Marx não pôde seguir de perto o desenvolvimento do movimento proletário europeu nem continuar com sua obra científica. Embora tivesse tentado, de todas as maneiras e com todas as forças, restabelecer-se para retomar o trabalho,

---

[82] Para mais informações sobre o uso desses textos por parte de Marx, recomenda-se a leitura de Karl Marx e Friedrich Engels, *Die Bibliotheken von Karl Marx und Friedrich Engels*, MEGA², v. IV/32, p. 597, 343, 463, 667, 603-4 e 245-6.

[83] "Karl Marx to Laura Lafargue", 14 de dezembro de 1882, cit., p. 399.

[84] "Karl Marx to Friedrich Engels", 11 de novembro de 1882, cit., p. 375.

[85] Essa afirmação encontra-se na carta de 2-3 de novembro de 1882 de Friedrich Engels a Eduard Bernstein: "*Ce qu'il y a de certain c'est que moi, je ne suis pas Marxiste*" (MECW, v. 46, p. 356). As mesmas palavras foram repetidas sete anos depois, numa carta de 7 de setembro de 1890, endereçada à redação do jornal *Der Sozialdemokrat* (Friedrich Engels, "Draft of a Reply to the Editors of the *Sachsischen Arbeit-Zeitung*", em MECW, v. 27, p. 67-8), e em outras duas cartas pessoais: a Conrad Schmidt, de 5 de agosto de 1890, e a Paul Lafargue, de 27 de agosto de 1890 (MECW, v. 49, p. 7 e 22). A frase é referida de modo errôneo por Karl Kautsky, que sustenta que Marx a teria utilizado em relação a este último (ver Benedikt Kautsky [org.], *Friedrich Engels' Briefwechsel mit Karl Kautsky*, Viena, Danubia, 1955, p. 90). Foi empregada, por fim, pelo tradutor russo de *O capital*, German Lopatin, numa carta a Maria Nikolaievna Otchanina, de 20 de setembro de 1883: "Você se recorda quando eu dizia que o próprio Marx nunca foi marxista? Engels contou que, durante a contenda de Brousse, Malon e companhia contra os outros, Marx disse uma vez, rindo: 'Posso dizer apenas uma coisa: não sou marxista!'" (em Hans Magnus Enzensberger [org.], *Gespräche mit Marx und Engels*, cit., p. 583). Ver também Maximilien Rubel, *Marx critique du marxisme* (Paris, Payot, 2000), p. 20-2.

e tivesse pedido à filha Eleanor, que foi encontrá-lo para a passagem de ano, que lhe levasse alguns livros – "traga-me a *Fisiologia*, aquela de [Johannes] Ranke [... e] também aquele horrível livreto de [Edward] Freeman (1823-1892) (*História da Europa*, de 1876), pois ele substitui, para mim, a tabela cronológica"[86] –, a instabilidade de sua saúde e a apreensão pelo estado físico da filha Jenny, novamente agravado após o nascimento da última filha, contribuíram para deixá-lo em condições desesperadas.

Em 6 de janeiro, ele reportou ao dr. Williamson que, mal se levantara, "foi tomado, de surpresa, por uma tosse espasmódica que [me] fez debater e lutar contra o sufocamento". Marx não tinha dúvidas acerca da verdadeira natureza de seu mal súbito. Na tarde anterior, recebera uma carta com notícias terríveis acerca da saúde de sua filha primogênita: "Eu sabia da gravidade de sua doença, mas não estava preparado para a notícia de que entrara em fase crítica"[87]. Também a Engels confessou que correra "risco de sufocar" e que, "agora, a excitação nervosa" o atingia "logo na garganta"[88]. À filha Eleanor, ele relatou:

> Creio que seja consequência de uma crise nervosa, de medo pela pequena Jenny! [...] Eu teria corrido imediatamente para Argenteuil, mas, assim, teria apenas sobrecarregado a pequena com o peso extra de um hóspede doente! Ninguém, na verdade, pode me garantir que a viagem não me puniria com uma recaída, o que até o momento consegui, afortunadamente, evitar. Contudo, é excruciante não poder vê-la.[89]

Desse modo, mais uma vez, teve início para Marx um período de "longo confinamento domiciliar"[90], durante o qual, à "tosse quase perene, [...] já muito extenuante", acrescentaram-se "crises diárias de vômito", que tornaram a situação quase insustentável. Todavia, a perspectiva de uma recuperação não parecia completamente extinta. Lamentou-se com Eleanor que seu estado insuportável o impedia "quase sempre de trabalhar", mas lhe revelou também que "o médico acredita – ainda acredita, e isso é significativo! – ser possível libertar-me deste tormento [...]. Quem viver, verá"[91].

---

[86] "Karl Marx to Eleanor Marx", 23 de dezembro de 1882, em MECW, v. 46, p. 417-8. Marx referia-se à tabela cronológica da história mundial que começara a preparar no outono de 1881.
[87] "Karl Marx to James Williamson", 6 de janeiro de 1883, em MECW, v. 46, p. 419.
[88] "Karl Marx to Friedrich Engels", 10 de janeiro de 1883, em MECW, v. 46, p. 425.
[89] "Karl Marx to Eleanor Marx", 8 de janeiro de 1883, em MECW, v. 46, p. 420.
[90] "Karl Marx to Friedrich Engels", 10 de janeiro de 1883, cit., p. 425.
[91] "Karl Marx to Eleanor Marx", 9 de janeiro de 1883, cit., p. 423.

Infelizmente, um novo acontecimento dramático pôs fim às últimas esperanças de recuperação. Em 11 de janeiro, antes de completar 39 anos, Jenny faleceu de câncer na bexiga. Após a partida da mulher, Marx tinha, assim, de enfrentar também a perda de uma de suas amadíssimas filhas. A notícia arrasou um homem já gravemente doente e marcado por uma vida de adversidades. A narração desses momentos, feita mais tarde por Eleanor, mostra, de modo dramático, as dolorosas circunstâncias:

> Recebemos uma carta do Mouro [...], na qual ele dizia que a saúde de Jenny finalmente melhorava e que nós – Helene [Demuth] e eu – não devíamos nos preocupar. Recebemos o telegrama que anunciava a morte de Jenny apenas uma hora depois dessa carta. Parti imediatamente para Ventnor. Vivi muitos momentos tristes, mas nenhum como aquele. Sentia que levava a meu pai a sua sentença de morte. Durante as longas horas daquela viagem angustiante, continuei a torturar meu cérebro, pensando em como lhe dar a notícia. Não precisei, porém, dizer nada; minha fisionomia me traiu. O Mouro disse, subitamente, "nossa pequena Jenny morreu!" e quis que eu partisse imediatamente para Paris a fim de ajudar a cuidar das crianças. Eu queria ficar com ele, mas não pude convencê-lo. Eu tinha ficado em Ventnor apenas meia hora e já retornava, com o coração triste e confrangido, em direção a Londres, de onde partiria imediatamente para Paris. Pelo bem das crianças, fiz aquilo que o Mouro desejava.[92]

Em 13 de janeiro, Marx também se pôs rapidamente a caminho de casa. Antes de deixar a ilha de Wight, comunicou ao dr. Williamson o motivo de sua partida repentina – "a fatal notícia da morte de minha filha mais velha" –, acrescentando à despedida: "Encontro um pouco de alívio numa horrível dor de cabeça. A dor física é o único 'torpor' da dor mental"[93]. Essas foram suas últimas palavras deixadas sobre papel.

---

[92] A declaração de Eleanor Marx está incluída em Hans Magnus Enzensberger (org.), *Gespräche mit Marx und Engels*, cit., p. 453.
[93] "Karl Marx to James Williamson", 13 de janeiro de 1883, em MECW, v. 46, p. 429.

Epílogo
Saída de cena

A reconstituição das últimas semanas de vida de Marx foi possível graças aos testemunhos de membros de sua família e, sobretudo, à correspondência de Engels.

Numa carta deste último endereçada a Eduard Bernstein, apreende-se que, depois de ter retornado de Ventnor, Marx permaneceu "confinado em casa devido a uma bronquite, felizmente leve até o momento"[1]. Em fevereiro, Engels relatou, também a Bernstein – que, naquele período, tornara-se o dirigente do Partido Social-Democrata Alemão com quem ele trocava notícias com mais assiduidade –, que "há três semanas está tão rouco que passou a falar pouco"[2].

Em 16 de fevereiro, Engels escreveu a Laura Lafargue: "Nos últimos dias, [Marx] passou noites insones muito difíceis, que o privaram do apetite intelectual, tanto que começou a ler catálogos de editoras em vez de romances"[3]. No dia seguinte, relatou-lhe: "Um bom sinal [...]: pôs de lado o catálogo e voltou a Frédéric Soulié" (1800-1847), que fora um dos mais populares escritores na França imediatamente anterior à Revolução de 1848. Todavia, a apreensão continuava altíssima, "pois, como é preciso tratar dos problemas mais urgentes, ou seja, os órgãos da respiração, e, de vez em quando, administrar um sonífero, acaba-se por descuidar do resto, como, por exemplo, seu estômago"[4]. Ainda que se procurasse alimentar Marx o máximo possível, frequentemente ele preferia apenas meio litro de leite, bebida que, no passado, ele nunca apreciara e à qual adicionava rum ou brandy. Para mantê-lo aquecido, preparavam-lhe escalda-pés de mostarda.

---

[1] "Friedrich Engels to Eduard Bernstein", 18 de janeiro de 1883, em MECW, v. 46, p. 430.
[2] "Friedrich Engels to Eduard Bernstein", 8 de fevereiro 1883, em MECW, v. 46, p. 434.
[3] "Friedrich Engels to Laura Lafargue", 16 de fevereiro de 1883, em MECW, v. 46, p. 439.
[4] "Friedrich Engels to Laura Lafargue", 17 de fevereiro de 1883, em MECW, v. 46, p. 441.

No fim do mês, Engels voltou a atualizar Bernstein: "Marx ainda não está apto a trabalhar, permanece em casa [...] e lê romances franceses. Seu caso parece muito complicado"[5]. Na semana seguinte, escreveu a Bebel, explicando-lhe que "a saúde de M[arx] não mostra a melhora que deveria"[6].

Em 10 de março, por fim, Engels comunicou a Laura, logo após uma avaliação clínica do dr. Donkin: "Examinou o Mouro e fico feliz em dizer que seu diagnóstico estava muito mais favorável que o de duas semanas atrás. Disse que o Mouro não piorou; ao contrário, talvez tenha melhorado". Acrescentou, porém, que ele estava "muito fraco, porque (tinha) dificuldade de engolir", e tinham de "obrigá-lo a comer e a beber"[7].

A piora precipitou-se rapidamente. O definhamento físico de Marx foi velocíssimo, e a isso se somou, por fim, um abscesso pulmonar. Engels começou a temer que houvesse realmente chegado o momento final para o amigo de toda uma existência: "Todas as manhãs, nas últimas seis semanas, quando virava a esquina, sentia um medo mortal de que as persianas estivessem abaixadas". Esse temor tornou-se realidade às 14h45 de 14 de março de 1883.

O relato mais completo e cheio de palavras comoventes sobre o último dia de vida de Marx foi escrito por Engels a Sorge, que ocupava o posto de secretário da Associação Internacional dos Trabalhadores desde a transferência do Conselho Geral para os Estados Unidos da América, em 1872. Escreveu-lhe Engels:

> Cheguei às 14h30, horário que ele preferia para a visita diária. As pessoas da casa estavam em prantos, diziam que parecia estar perto do fim. [...] Ocorrera uma pequena hemorragia, seguida de um colapso repentino. Nossa brava e velha Lenchen, que cuidou dele como nem mesmo uma mãe cuidaria do próprio filho, foi para o andar de cima e, em seguida, voltou para baixo. Disse que ele havia adormecido e que eu podia subir. Quando entramos, ele jazia adormecido na cama, mas para nunca mais acordar. Não havia mais pulso nem respiração. Expirara em dois minutos, serenamente e sem dor.[8]

Engels compreendeu imediatamente, mesmo no imenso desconsolo pela perda do mais querido amigo, que, dadas suas irreversíveis condições de saúde, a Marx fora reservada uma morte serena. Comentou com Sorge:

---

[5] "Friedrich Engels to Eduard Bernstein", 27 de fevereiro de 1883, em MECW, v. 46, p. 450.
[6] "Friedrich Engels to August Bebel", 7 de março de 1883, em MECW, v. 46, p. 455.
[7] "Friedrich Engels to Laura Lafargue", 10 de março de 1883, em MECW, v. 46, p. 456.
[8] "Friedrich Engels to Friedrich Sorge", 15 de março de 1883, em MECW, v. 46, p. 461-2.

Todos os eventos, por mais terríveis que possam ser, quando ocorrem por necessidade natural, carregam em si sua própria consolação. Foi assim também nesse caso. A arte médica talvez tivesse sido capaz de lhe garantir mais alguns anos de existência vegetativa, de uma vida de ser impotente que, devido ao triunfo da medicina, não morre de uma só vez, mas vai sucumbindo pouco a pouco. Isso, porém, nosso Marx jamais teria suportado. Viver com todos aqueles trabalhos incompletos diante de si, ansiando, como Tântalo, terminá-los, mas sem poder fazê-lo, teria sido mil vezes mais amargo do que a doce morte que o surpreendeu. "A morte não é uma desgraça para quem morre, mas para quem fica"[9], como ele costumava dizer, citando Epicuro. E ver esse homem genial vegetar como uma ruína para maior glória da medicina e escárnio dos filisteus, que ele, quando estava no auge das forças, tantas vezes derrotara... Não, mil vezes melhor as coisas assim como ocorreram. Mil vezes melhor assim: depois de amanhã o levaremos à tumba em que repousa sua esposa. Depois de tudo o que aconteceu anteriormente, que nem os médicos sabem tanto quanto eu, para mim só poderia haver uma escolha[10].
Que assim seja. A humanidade tem agora uma inteligência a menos, a mais importante de que ela poderia se orgulhar hoje em dia. O movimento proletário prossegue seu caminho, mas perdeu seu ponto central, aquele para o qual franceses, russos, americanos e alemães se voltavam automaticamente nos momentos decisivos, a fim de receber aquele conselho claro e irrefutável que somente o gênio e o completo conhecimento de causa lhes poderiam oferecer. Os reacionários locais, os pequenos luminares e, talvez, também os impostores acharão que têm as mãos livres. A vitória final está assegurada, mas os caminhos tortuosos, as derrotas temporárias e locais – já antes inevitáveis – agora proliferarão mais do que nunca[11]. Bom, vamos precisar ir em frente. Para que mais estamos aqui? E, de todo modo, estamos muito longe de perder nossa coragem.[12]

Foi precisamente o que aconteceu. Muitos foram aqueles que, após a morte de Marx, levantaram suas bandeiras. Da América Latina ao Extremo Oriente, nas sedes sindicais mais pobres da periferia ou nas aulas magnas das universidades mais prestigiadas, dezenas e dezenas de milhões de trabalhadoras e trabalhadores

---

[9] A referência é à chamada "Carta sobre a felicidade", que Epicuro escreveu a Meneceu.
[10] A propósito, ver as considerações de Engels: "Para mim, a morte de sua esposa, primeiro, e, numa fase muito crítica, a de Jenny contribuíram para desatar a crise final" ("Friedrich Engels to Wilhelm Liebknecht", 14 de março de 1883, em MECW, v. 46, p. 458).
[11] Ver as palavras de Engels, numa carta semelhante, escrita um dia antes: "O movimento seguirá por sua estrada, mas deverá dispensar a intervenção calma, oportuna e ponderada que até o momento lhe poupou muitos e cansativos desvios" ("Friedrich Engels to Eduard Bernstein", 14 de março de 1883, em MECW, v. 46, p. 459).
[12] "Friedrich Engels to Friedrich Sorge", 15 de março de 1883, cit., p. 462-3.

e de jovens estudantes leram seus escritos. Deles extraíram a consciência de sua condição de oprimidos e, com o tempo, ganharam inspiração para promover novos conflitos, organizando greves, movimentos sociais e partidos políticos. Lutaram por pão e por rosas, contra a injustiça e pela liberdade e, assim fazendo, deram plena atualização às teorias de Marx.

No curso desse longo processo – durante o qual Marx foi estudado a fundo, transformado em ícone, embalsamado em manuais de regime, mal interpretado, censurado, declarado morto e, de tempos em tempos, redescoberto –, alguns distorceram completamente suas ideias com doutrinas e práticas que, em vida, ele teria combatido irredutivelmente. Outros, por sua vez, enriqueceram-nas, atualizaram-nas e puseram em evidência problemas e contradições, com espírito crítico semelhante ao que ele sempre adotara e que ele teria apreciado.

Aqueles que hoje voltam a folhear as páginas de seus textos ou que se aventuram em sua leitura pela primeira vez só podem ficar fascinados com a capacidade explicativa da análise socioeconômica de Marx e cativados pela mensagem que ressuda, incessantemente, de toda a sua obra: organizar a luta para pôr fim ao modo de produção burguês e emancipar plenamente do domínio do capital as trabalhadoras e os trabalhadores de todo o mundo.

Apêndice
Pelo pão e pelas rosas

Em outubro de 1879, a Federação do Partido dos Trabalhadores Socialistas da França (FPTSF), nascida no ano anterior a partir da fusão das diversas correntes do socialismo francês, reuniu-se num congresso em Marselha.

Depois de ter conquistado a maioria do partido, Jules Guesde deu início à elaboração de um programa político, voltado também à participação nas eleições.

Foi nesse período que, por intermédio de Paul Lafargue, ele procurou Marx para que este o assistisse nessa difícil tarefa. Os dois se encontraram em Londres, em maio de 1880. Tão logo redigido, o programa foi publicado em diversos periódicos franceses – a versão mais fiel apareceu em 30 de junho de 1880, no jornal *L'Égalité*, fundado por Guesde – e adotado pelo congresso de Le Havre, em novembro de 1880.

Os bastidores de sua elaboração foram revelados por Friedrich Engels, poucos meses depois do congresso, numa carta endereçada a Eduard Bernstein:

> As *considerações* do programa foram ditadas a ele [Guesde] por Marx, [...] na sala de minha casa: o trabalhador só é livre quando é proprietário de seus meios de trabalho – o que pode assumir forma individual ou coletiva; mas, uma vez que a forma individual de propriedade é diária e progressivamente superada pelo desenvolvimento econômico, o que resta é apenas a forma da propriedade coletiva etc. Uma obra-prima de raciocínio rigoroso, calculada para explicar as coisas às massas em poucas palavras. Raramente vi algo assim e, mesmo em sua versão concisa, achei-a impressionante.[1]

Engels recordou que, logo depois, foram discutidos os "conteúdos do programa" e introduzidas algumas modificações num esboço anteriormente preparado

---

[1] "Friedrich Engels to Eduard Bernstein", 25 de outubro de 1881, em MECW, v. 46, p. 148.

por Guesde: "Acrescentamos algumas coisas, ao mesmo tempo que eliminamos outras". Por fim, Engels mencionou a insistência de Marx, tão tenaz quanto vã, em propor a supressão do ponto 3 do programa econômico: "Aquela estupidez do salário mínimo"[2]. No mesmo período, numa carta enviada ao marido, a filha mais velha de Marx, Jenny Longuet, também relatou a discussão ocorrida entre o pai e Guesde:

> Em relação à questão da garantia de um salário mínimo, talvez te interesse saber que papai fez de tudo para convencer Guesde a não o incluir em seu programa, explicando-lhe que uma medida desse tipo, caso fosse adotada, levaria ao resultado de que, com base nas leis econômicas, o mínimo garantido se tornaria um máximo. Guesde, no entanto, manteve-se inflexível, alegando que assim se poderia conquistar, de todo modo, certa influência sobre a classe trabalhadora.[3]

O próprio Marx, enfim, voltou a comentar o ocorrido, numa carta ao companheiro Friedrich Sorge:

> Com exceção de algumas asneiras, como o salário mínimo fixado por lei etc., que Guesde achou necessário proporcionar aos trabalhadores franceses, apesar de nossos protestos (eu lhe disse que, se o proletariado francês era tão pueril a ponto de ainda necessitar de concessões desse tipo, então não valia a pena elaborar programa algum), a parte econômica desse documento muito breve contém – afora algumas linhas introdutórias que definem, em poucas palavras, o objetivo comunista – apenas as reivindicações que brotaram espontaneamente do seio do movimento operário. Ter feito os trabalhadores franceses descerem de suas nuvens verbais para o chão da realidade foi um passo realmente importante, ainda que a coisa tenha suscitado a indignação de todos aqueles teorizantes franceses que ganham a vida "fabricando nuvens".[4]

---

[2] Ibidem, p. 149.
[3] "Jenny Longuet to Charles Longuet", 23 de novembro de 1880, em MECW, v. 46, p. 474.
[4] "Karl Marx to Friedrich Sorge", 5 de novembro de 1880, em MECW, v. 46, p. 43-4. Entre as "asneiras", Marx também via com ceticismo a supressão da herança (incluída no ponto 12 do programa econômico), velha proposta de Henri de Saint-Simon (1760-1825), contra a qual ele se voltara numa polêmica com Mikhail Bakunin à época da Associação Internacional dos Trabalhadores: "Além disso, se a classe trabalhadora tivesse poder suficiente para abolir o direito de herança, ela seria poderosa o suficiente para efetuar a desapropriação, que seria um processo muito mais simples e mais eficiente" (Karl Marx, ["Sobre a herança"], em Marcello Musto [org.], *Trabalhadores, uni-vos! Antologia política da I Internacional*, trad. Rubens Enderle, São Paulo, Boitempo, 2014, p. 181).

Nas poucas mais de setecentas palavras que compõem esse texto, Marx elencou as exigências fundamentais da classe trabalhadora.

Partindo do pressuposto de que os proletários jamais poderiam ser livres num sistema de produção baseado no trabalho assalariado e que sua emancipação só se realizaria depois da conquista da propriedade dos meios de produção, a classe trabalhadora devia lutar ativamente contra todo tipo de discriminação, em particular a racial e a de gênero, e dedicar-se a pôr fim à submissão das mulheres em relação aos homens.

Os trabalhadores deviam apoiar uma forma de governo com poderes decentralizados e de caráter participativo, lutar pela supressão da dívida pública e por um Estado livre de todo tipo de condicionamento religioso. Deviam também conquistar o direito à educação para todos, a cargo da coletividade, e lutar contra a privatização da propriedade pública, em favor dos bens comuns. Ao mesmo tempo, deviam mobilizar-se para conquistar a autogestão das fábricas e opor-se a toda forma de socialismo de Estado.

Para atingir tais fins, tornava-se fundamental a organização política dos trabalhadores, também por meio de um partido político independente, que necessariamente tinha de estar em competição com os partidos democráticos e em luta contra os partidos burgueses.

Programa eleitoral dos trabalhadores socialistas
Jules Guesde, Paul Lafargue, Karl Marx

Considerando
que a emancipação da classe produtiva é a emancipação de todos os seres humanos, sem distinção de sexo e de raça;
que os produtores jamais poderão ser livres enquanto não estiverem de posse dos meios de produção (terra, fábricas, navios, bancos, créditos etc.);
que há somente duas formas nas quais os meios de produção podem lhes pertencer:
1. a forma individual, que jamais existiu de modo generalizado e vai sendo cada vez mais eliminada pelo progresso industrial;
2. a forma coletiva, cujos elementos materiais e intelectuais são constituídos pelo próprio desenvolvimento da sociedade capitalista.

Considerando
que essa apropriação coletiva só pode provir da ação revolucionária da classe produtiva – o proletariado – organizada num partido político próprio;
que tal organização deve ser buscada com todos os meios de que dispõe o proletariado, inclusive o sufrágio universal, que, assim, deixaria de ser instrumento de engodo – que foi até hoje – e se converteria em instrumento de emancipação;

os trabalhadores socialistas franceses, estabelecendo como objetivo de seus esforços a expropriação política e econômica da classe capitalista e o retorno à coletividade de todos os meios de produção, decidiram, como instrumento de organização e de luta, participar das eleições com as seguintes reivindicações imediatas.

A. Programa político

1. Abolição de todas as leis que incidem sobre a imprensa, o direito de reunião e de associação e sobretudo a lei contra a Associação Internacional dos Trabalhadores. Abolição da "caderneta"[5], verdadeiro cadastro da classe trabalhadora, e de todos os artigos do Código[6] que estabeleçam a inferioridade do operário em relação ao patrão e da mulher em relação ao homem.

2. Supressão dos fundos para o culto e restituição à nação dos "bens de mão-morta, móveis e imóveis, pertencentes às ordens religiosas" (decreto da Comuna[7] de 2 de abril de 1871), incluindo todos os anexos industriais e comerciais dessas ordens.

3. Supressão da dívida pública.

4. Abolição dos exércitos permanentes e armamento geral do povo.

5. Que a Comuna controle a própria administração e tenha sua polícia.

B. Programa econômico

1. Descanso de um dia por semana ou proibição legal de os empregadores obrigarem a trabalhar mais de seis dias em sete. Redução legal da jornada de trabalho a oito horas para os adultos. Proibição, nas fábricas privadas, do trabalho de menores de 14 anos e redução da jornada de trabalho a 6 horas para aqueles entre 14 e 18 anos[8].

2. Supervisão e prestação de assistência aos aprendizes a cargo dos sindicatos operários.

3. Salário mínimo legal, fixado anualmente, por uma comissão estatística operária, com base nos preços locais dos gêneros de primeira necessidade.

4. Proibição, para os patrões, de admitir operários estrangeiros com salário inferior ao dos operários franceses.

5. Igualdade de salário para trabalho igual realizado por trabalhadores dos dois sexos.

---

[5] A caderneta (*livret*) era um certificado que atestava que o operário não tinha mais débitos e obrigações para com seus empregadores anteriores. Nenhum trabalhador podia ser admitido sem apresentar esse documento. Seu uso foi abolido apenas em 1890.

[6] O Código napoleônico de 1804.

[7] A Comuna de Paris.

[8] Essas reivindicações devem ser lidas, naturalmente, no contexto do fim do século XIX.

6. Instrução científica e profissional de todas as crianças, cuja manutenção estará a cargo da sociedade, representada pelo Estado ou pela Comuna.
7. Assistência aos velhos e aos inválidos a cargo da sociedade.
8. Abolição de qualquer ingerência dos empregadores na administração dos fundos operários de mútuo socorro, previdência etc., cuja gestão deverá ser atribuída exclusivamente aos operários.
9. Responsabilidade dos patrões em matéria de acidentes, garantida por uma caução que o empregador deverá depositar nos fundos operários, proporcional ao número de operários empregados e ao nível de periculosidade presente na fábrica.
10. Participação dos operários na definição dos regulamentos especiais das diversas fábricas; abolição do direito, usurpado pelos patrões, de impor penalidades a seus operários na forma de multas ou de descontos sobre os salários (decreto da Comuna de 27 de abril de 1871).
11. Anulação de todos os contratos de privatização da propriedade pública (bancos, ferrovias, minas etc.) e funcionamento de todas as fábricas do Estado conferido aos operários que nelas trabalham.
12. Abolição de todos os impostos indiretos e transformação de todos os impostos diretos num imposto progressivo sobre as rendas superiores a 3 mil francos. Supressão da herança em linha colateral[9] e da herança em linha direta que ultrapasse 20 mil francos.

---

[9] Trata-se da herança não destinada aos descendentes diretos.

Carta de Karl Marx a Vera Ivanovna Zasulitch, 8 de março de 1881.

BREVE CRONOLOGIA (1881-1883)

1881

Janeiro-fim de junho	Nesse período, transcorrido em Londres, Marx finalizou alguns resumos, iniciados no fim de 1880, das obras de Lewis Henry Morgan, James Money, John Phear e Henry Maine. Conhecido como *Cadernos etnológicos*, esse material perfaz um total de cerca de duzentas páginas. Na mesma época, ocupou-se também de cálculo diferencial, redigindo os chamados *Manuscritos matemáticos*. A partir de meados de fevereiro até 8 de março, Marx redigiu os esboços preliminares e a carta a Vera Zasulitch, sobre a comuna agrícola na Rússia.
Última semana de junho-*c.*19 de julho	Estada em Eastbourne com a mulher Jenny von Westphalen.
20-*c.*25 de julho	Retorno a Londres e preparativos para a viagem à França.
26 julho-16 de agosto	Visita a primogênita Jenny Longuet em Argenteuil, subúrbio de Paris, acompanhado da mulher e de Helene Demuth.
17 de agosto-28 de dezembro	Retorno a Londres. Nesse período, Marx realizou estudos aprofundados de história e escreveu extensos resumos de alguns volumes de Friedrich Schlosser e Carlo Botta. Com base

	nessas obras, redigiu os *Extratos cronológicos*, vasta síntese histórica, de mais de 550 páginas, dos principais eventos políticos ocorridos desde o ano 91 a. C. até o Tratado de Vestfália de 1648. Embora dispensando cuidados constantes à esposa doente, no tempo livre Marx dedicou-se à leitura de alguns livros sobre a Rússia, publicados pouco antes, e retomou o estudo da matemática. A partir de meados de outubro, foi acometido de pleurite e bronquite e forçado à imobilidade por quase dois meses.
2 de dezembro de 1881	Morte de Jenny von Westphalen.
29-31 de dezembro	Viagem a Ventnor, na ilha de Wight, acompanhado pela filha caçula, Eleanor, em busca de um clima mais temperado.

1882

1º-15 janeiro	Marx continuou em Ventnor.
16 de janeiro-8 de fevereiro	Novamente em Londres, para consultar os médicos sobre os tratamentos de saúde mais eficazes. Em 21 de janeiro, Marx e Engels completaram o "Prefácio à edição russa" do *Manifesto do Partido Comunista*.
9-16 de fevereiro	Em viagem rumo à Argélia, ainda acompanhado de Eleanor, Marx parou em Argenteuil, na casa da filha Jenny.
17 de fevereiro	Marx prosseguiu viagem sozinho e, depois de atravessar a França de trem, passou uma noite em Marselha.
18-19 de fevereiro	Em viagem rumo à África no vapor *Said*, com destino à Argélia.
20 de fevereiro-2 de maio	Estada na capital argelina, onde uma recaída de sua velha bronquite e um ataque de pleurite o forçaram a dois meses de prolongados e dolorosos tratamentos médicos.
3-4 de maio	No navio, de retorno à França, após a melhora de suas condições físicas.

5 de maio	Desembarque em Marselha, no dia de seu 64º aniversário, e breve visita à cidade de Nice.
6 de maio-3 de junho	Permanência em Monte Carlo em razão de um novo agravamento de sua saúde, a fim de submeter-se a mais terapias.
4-7 de junho	Breve estada em Cannes, seguindo as indicações do médico, antes da viagem de Marselha a Paris.
8 de junho-22 de agosto	Visita à filha Jenny, em Argenteuil. Do início de julho a 20 de agosto, Marx realizou um ciclo de curas termais na vizinha Enghien.
23 de agosto-27 de setembro	Viagem à Suíça, na companhia da filha Laura. Marx fez uma breve escala em Lausanne, permanecendo depois quatro semanas em Vevey, às margens do lago Léman. No caminho de volta, parou em Genebra.
28 de setembro-6 de outubro	Retorno à França. Visita à filha Laura, em Paris, e breve escala em Argenteuil, na casa da outra filha, Jenny.
7 de outubro	Viagem de retorno à Inglaterra.
8-29 de outubro	Novamente em Londres, por três semanas, realizou alguns compêndios de textos de economia, de antropologia e sobre a Rússia.
30 de outubro-31 de dezembro	Novo período em Ventnor, onde tentou, com enorme dificuldade, recuperar a saúde e retomar o trabalho.

1883

1º-12 de janeiro	Continuação da estada em Ventnor, onde, no dia 12, recebeu a notícia da morte da filha Jenny.
13 de janeiro-13 de março	Arrasado pela dor, Marx retornou imediatamente a Londres. Suas condições se agravaram de repente devido a um abscesso pulmonar. Com as poucas energias restantes, consultou catálogos de livros e leu romances franceses.
14 de março	Morte por colapso cardíaco, em sua casa no número 41 da Maitland Park Road.

Bibliografia

AHMAD, AIJAZ. *In Theory*: Classes, Nations, Literatures. Londres, Verso, 1992.

AL-AZM, Sadiq Jalal. Orientalism and Orientalism in Reverse. *Khamsin*, v. 8, 1980.

ALCOUFFE, Alain. Introduction. In: MARX, Karl. *Les Manuscrits mathématiques de Marx*. Org. Alain Alcouffe. Paris, Economica, 1985.

ANDERSON, Kevin. *Marx at the Margins*. Chicago, The University of Chicago Press, 2010.

ATTALI, Jacques. *Karl Marx, ou l'Esprit du monde*. Paris, Arthème-Fayard, 2005.

BADIA, Gilbert. Marx en Algérie. In: MARX, Karl. *Lettres d'Alger et de la Côte d'Azur*. Paris, Le Temps des Cerises, 1997. p. 7-39.

BAX, E. Belfort. Leaders of Modern Thought: Karl Marx. *Modern Thought*, v. 3, n. 2, 1881. p. 349-54.

BECKETT, James Camlin. *The Making of Modern Ireland 1603-1923*. Londres/Boston, Faber and Faber, 1981.

BERLIN, Isaiah. *Karl Marx*: His Life and Environment. Londres, Oxford University Press, 1963.

BERNSTEIN, Edward. *My Years of Exile*. Londres, Leonard Parsons, 1921.

BILLINGTON, James. *Mikhailovsky and Russian Populism*. Oxford, Clarendon, 1921.

BONGIOVANNI, Bruno. *Le repliche della storia*. Turim, Bollati Boringhieri, 1989.

BOTTIGELLI, Émile. La rupture Marx-Hyndman. *Annali dell'Istituto Giangiacomo Feltrinelli*. Milão, Feltrinelli, 1961. p. 621-9.

BRIGGS, Asa; CALLOW John. *Marx in London*: An Illustrated Guide. Londres, Lawrence and Wishart, 2008.

BUBER, Martin. *Paths in Utopia*. Syracuse, Syracuse University Press, 1996.

CAFIERO, Carl. *Il Capitale di Carlo Marx brevemente compendiato da Carlo Cafiero*, Livro I: *Sviluppo della Produzione Capitalistica*. Milão, E. Bignami e C. Editori, 1979.

CASICCIA, Alessandro. La concezione materialista della società antica e della società primitiva. In: MORGAN, Henry (org.). *La società antica*. Milão, Feltrinelli, 1970. p. xvii-xxvii.

COMYN, Marian. My Recollections of Marx. *The Nineteenth Century and After*, v. 91, 1922. p. 161-9.

DARDOT, Pierre; LAVAL, Christian. *Marx, prénom Karl*. Paris, Gallimard, 2012.

DORNEMANN, Luise. *Jenny Marx*: Der Lebensweg einer Sozialistin. Berlim, Dietz, 1971.

DOUGLAS, Roy. *Land, People and Politics*: A History of the Land Question in the United Kingdom, 1878-1952. Londres, Allison and Busby, 1976.

DUSSEL, Enrique. *El último Marx (1863-1882) y la liberación latinoamericana*. Cidade do México, Siglo XXI, 1990.

EATON, Henry. Marx and the Russians. *Journal of the History of Ideas*, v. 41, n. 1, 1980. p. 89-112.

ENGELS, Friedrich. *A origem da família, da propriedade privada e do Estado* (1884). Trad. Nélio Schneider. São Paulo, Boitempo, no prelo.

_____. Draft of a Reply to the Editors of the Sachsischen Arbeit-Zeitung (1890). *Marx/Engels Collected Works* (MECW), v. 27. Moscou, Progress, 1990. p. 67-8.

_____; LAFARGUE, Paul; LAFARGUE, Laura. *Correspondence*, v. I: *1868-1886* (Moscou, Foreign Languages Publishing House, 1959).

ENZENSBERGER, Hans Magnus (org.). *Gespräche mit Marx und Engels*. Frankfurt, Insel, 1973.

FEUCHTWANGER, Edgar J. *Gladstone*. Londres, Allen Road, 1975.

FONER, Philip S. (org.). *Karl Marx Remembered*: Comments at the Time of His Death. San Francisco, Synthesis, 1983.

GABRIEL, Mary. *Love and Capital*: Karl and Jenny Marx and the Birth of a Revolution. Nova York/Boston/Londres, Little, Brown and Company, 2011. [Ed. bras.: *Amor e Capital*: A saga familiar de Karl Marx e a história de uma revolução. Trad. Alexandre Barbosa de Souza. Rio de Janeiro, Zahar, 2013.]

GAILEY, Christine Ward. Community, State, and Questions of Social Evolution in Karl Marx's Ethnological Notebooks. In: SOLWAY, Jacqueline (org.). *The Politics of Egalitarianism*. Nova York/Oxford, Berghahn, 2006. p. 31-52.

GALLISSOT, René (org.). *Marxisme et Algérie*. Paris, Union Générale d'Éditions, 1976.

GARIN, Sender. *Three American Radicals*: John Swinton, Charles P. Steinmetz, and William Dean Howells. Boulder, Westview, 1991.

GEORGE, Henry. *Progress and Poverty*. Nova York, Robert Schalkenbach Foundation, 2006.

GIBBONS, James Sloan. *The Banks of New-York, Their Dealers, Their Clearing-House, and the Panic of 1857*. Nova York, Appleton & Co., 1859.

GODELIER, Maurice. *Horizon, trajets marxistes en anthropologie*. Paris, Francois Maspero, 1973.

HABIB, Irfan. Marx's Perception of India. In: HUSAIN, Iqbal (org.). *Karl Marx on India*. Nova Delhi, Tulika, 2006.

HALL, Alfred Rupert. *Philosophers at War*. Cambridge, Cambridge University Press, 1980.

HARSTICK, Hans-Peter; SPERL Richard; STRAUβ, Hanno. Einführung. In: *Die Bibliotheken von Karl Marx und Friedrich Engels*. MEGA², v. IV/32. Berlim, Akademie, 1999. p.7-102.

HAUPT, Georges. *L'internazionale socialista dalla comune a Lenin*. Turim, Einaudi, 1978.

HOLMES, Rachel. *Eleanor Marx*: A Life. Londres, Bloomsbury, 2014.

HYNDMAN, Henry. *Record of an Adventurous Life*. Londre, Macmillan, 1913.

_____. *England for All*. Nova York, Barnes & Noble, 1974.

INSTITUTE OF MARXISM-LENINISM. *Reminiscences of Marx and Engels*. Moscou, Foreign Languages Publishing House, 1957.

INTERNATIONAL INSTITUTE OF SOCIAL HISTORY (IISH). *Marx-Engels Papers*, C 261, C 262.

KAPP, Yvonne. *Eleanor Marx*: Family Life 1855-1883, v. 1. Londres, Virago, 1979.

KAUTSKY, Benedikt (org.). *Friedrich Engels' Briefwechsel mit Karl Kautsky*. Viena, Danubia, 1955.

KLEIN, Maury. *The Life and Legend of Jay Gould*. Baltimore, Johns Hopkins University Press, 1997.

KRADER, Lawrence (org.). *The Ethnological Notebooks of Karl Marx*. Assen, Van Gorcum, 1972.

_____. *Asiatic Mode of Production*. Sources, Development and Critique in the Writings of Karl Marx. Assen, Van Gorcum, 1975.

KRÄTKE, Michael R. Marx und die Weltgeschichte. In: *Beiträge zur Marx-Engels-Forschung*. Neue Folge, 2014/[20]15. Hamburgo, Argument, 2016. p. 133-77.

KRYSMANSKI, Hans Jürgen. *Die letzte Reise des Karl Marx*. Frankfurt, Westend, 2014.

LAFARGUE, Paul. Frederick Engels. *The Social Democrat*, v. 9, n. 8, 1905. p. 483-8.

LOMBARDO RADICE, Lucio. Dai "manoscritti matematici" di K. Marx. *Critica marxista-Quaderni*, n. 6, 1972. p. 273-86.

MARX, Karl. *Crítica da filosofia do direito de Hegel* (1843). Trad. Rubens Enderle e Leonardo de Deus. São Paulo, Boitempo, 2005.

_____. *Miséria da filosofia* (1847). Trad. José Paulo Netto. São Paulo, Boitempo, 2017.

_____. The Future Results of British Rule in India. *Marx and Engels Collected Works*, v. 12, 1853-[18]54. Moscou, Progress, 1979. p. 217-23.

_____. *Grundrisse*. Manuscritos econômicos de 1857-1858: esboços da crítica da economia política. Trad. Mario Duayer e Nélio Schneider. São Paulo, Boitempo, 2015.

_____. *Contribuição à crítica da economia política* (1859). 2. ed. Trad. e Intr. Florestan Fernandes. São Paulo, Expressão Popular, 2008.

_____. Instructions for the Delegates of the Provisional General Council. The Different Questions. *Marx and Engels Collected Works*, v. 19: 1861-[18]64. Moscou, Progress, 1984. p. 188-90.

_____. *Das Kapital* (1867). MEGA², v. II/5. Berlim, Dietz, 1983.

_____. *O capital*: crítica da economia política. Livro I: *O processo de produção do capital* (1867). Trad. Rubens Enderle. São Paulo, Boitempo, 2013.

_____. Nachtrag zu den Noten des ersten Buches. In: *Das Kapital*. MEGA², v. II/5. Berlim, Dietz, 1983.

_____. *A guerra civil na França* (1871). Trad. Rubens Ederle. São Paulo, Boitempo, 2011.

_____. *Le Capital*, Paris 1872-1875. MEGA², v. II/7. Berlim, Dietz, 1989.

_____. Resumo crítico de Estatismo e Anarquia, de Mikhail Bakunin (1874) (Excertos). In: MARX, Karl. *Crítica do Programa de Gotha*. Trad. Rubens Ederle. São Paulo, Boitempo, 2012.

_____. *Marx-Engels Werke* (MEW), v. 19: März 1875-Mai 1883. Berlim, Dietz, 1987.

_____. *Crítica do Programa de Gotha* (1875/1891). Trad. Rubens Ederle. São Paulo, Boitempo, 2012.

_____. [Account of Karl Marx's Interview with the Chicago Tribune Correspondent] (1879). *Marx and Engels Collected Works*, v. 24: 1874-[18]83. Moscou, Progress, 1989. p. 568-79.

_____. Excerpts from M. M. Kovalevsky. Obschinnoe Zemlevladenie. Prichiny, hod i posledstviya ego razlozheniya (1879). In: KRADER, Lawrence (org.). *The Asiatic Mode of Production*. Sources, Development and Critique in the Writings of Karl Marx. Assen, Van Gorcum, 1975. p. 343-412.

_____. Marginal Notes on Adolph Wagner's Lehrbuch der politischen Ökonomie (1879-1880). *Marx and Engels Collected Works*, v. 24: 1874-[18]83. Moscou, Progress, 1989. p. 531-59.

_____. *Notes on Indian History* (1879-1880). Honolulu, University Press of the Pacific, 2001.

_____. [Account of an Interview with John Swinton, Correspondent of The Sun] (1880). *Marx/Engels Collected Works* (MECW), v. 24: 1874-[18]83. Moscou, Progress, 1989. p. 583-5.

_____. Carta a Vera Zasulitch. Primeiro esboço (1881). In: MARX, Karl; ENGELS, Friedrich. *Lutas de classes na Rússia*. Trad. Nélio Schneider. São Paulo, Boitempo, 2013.

_____. Carta a Vera Zasulitch. Segundo esboço (1881). In: MARX, Karl; ENGELS, Friedrich. *Lutas de classes na Rússia*. Trad. Nélio Schneider. São Paulo, Boitempo, 2013.

_____. Carta a Vera Zasulitch. Terceiro esboço (1881). In: MARX, Karl; ENGELS, Friedrich. *Lutas de classes na Rússia*. Trad. Nélio Schneider. São Paulo, Boitempo, 2013.

_____. Carta de Karl Marx a Vera Ivanovna Zasulitch (1881). In: MARX, Karl. *O capital*: crítica da economia política. Livro I: *O processo de produção do capital*. Trad. Rubens Ederle. São Paulo, Boitempo, 2013.

_____. *Mathematical Manuscripts* (1881). Londres, New Park, 1983.

_____. *O capital*: crítica da economia política. Livro II: *O processo de circulação do capital* (1885). Trad. Rubens Ederle. São Paulo, Boitempo, 2015.

_____. *Oeuvres*. Économie II. Org. Maximilien Rubel. Paris, Gallimard, 1968.

_____. *The Ethnological Notebooks of Karl Marx*. Org. Lawrence Krader. Assen, Van Gorcum, 1972.

_____. INTERNATIONAL INSTITUTE OF SOCIAL HISTORY (IISH), *Marx-Engels Papers*, A 113 and B 167.

_____. INTERNATIONAL INSTITUTE OF SOCIAL HISTORY (IISH), *Marx-Engels Papers*, B 98, p. 11-8.

_____. INTERNATIONAL INSTITUTE OF SOCIAL HISTORY (IISH), *Marx-Engels Papers*, B 157, B 158, B 159, B 160.

MARX, Karl; ENGELS, Friedrich. *A ideologia alemã* (1845-1846). Trad. Luciano Cavini Martorano, Nélio Schneider e Rubens Ederle. São Paulo, Boitempo, 2008.

_____. *Manifesto Comunista* (1848). Trad. Álvaro Pina e Ivana Jinkings. São Paulo, Boitempo, 1998.

_____. *Letters* 1856-[18]59. *Marx/Engels Collected Works* (MECW), v. 40. Moscou, Progress, 1962.

_____. *Letters* 1860-[18]64. *Marx/Engels Collected Works* (MECW), v. 41. Moscou, Progress, 1985.

_____. *Letters* 1864-[18]68. *Marx/Engels Collected Works* (MECW), v. 42. Moscou, Progress, 1987.

_____. *Letters* 1868-[18]70. *Marx/Engels Collected Works* (MECW), v. 43. Moscou, Progress, 1988.

_____. *Letters* 1870-[18]73. *Marx/Engels Collected Works* (MECW), v. 44. Moscou, Progress, 1989.

_____. *Lutas de classes na Rússia* (1875-1894). Org. Michael Löwy. Trad. Nélio Schneider. São Paulo, Boitempo, 2013.

_____. *Letters* 1880-[18]83. *Marx/Engels Collected Works* (MECW), v. 46. Moscou, Progress, 1992.

_____. *Prefácio à edição russa de 1882*. In: _____. *Manifesto Comunista*. Trad. Álvaro Pina e Ivana Jinkings. São Paulo, Boitempo, 1998.

_____. *Letters* 1883-[18]86. *Marx/Engels Collected Works* (MECW), v. 47. Moscou, Progress, 1995.

_____. *Letters* 1887-[18]90. *Marx/Engels Collected Works* (MECW), v. 48. Moscou, Progress, 2001.

_____. *Letters* 1890-[18]92. *Marx/Engels Collected Works* (MECW), v. 49. Moscou, Progress, 2001.

_____. *Letters* 1892-[18]95. *Marx/Engels Collected Works* (MECW), v. 50. Moscou, Progress, 2004.

_____. *Über Deutschland und die deutsche Arbeiterbewegung*. Berlim, Dietz, 1953.

_____. *Die Bibliotheken von Karl Marx und Friedrich Engels*. MEGA^2, v. IV/32. Berlim, Akademie, 1999.

MATTHEW, Henry Colin Gray. *Gladstone*: 1875-1898. Londres, Clarendon, 1995.

MEHRING, Franz. *Karl Marx*: The Story of His Life. Ann Arbor, University of Michigan Press, 1962.

MEIER, Olga (org.). *The Daughters of Karl Marx*: Family Correspondence 1866-1898. Nova York, Harcoxurt Brace Jovanovich, 1982.

MIGLIARDI, G. (org.). *Il populismo russo*. Milão, Franco Angeli, 1985.

MORGAN, Henry. *Ancient Society*. Nova York, Henry Holt, 1877.

MOST, Johann. *Kapital und Arbeit*. Ein populärer Auszug aus "Das Kapital" von Marx 1873. Chemnitz, 1873. In: MEGA^2, v. II/8. Berlim, Dietz, 1967. p. 735-800.

MULHALL, Michael George. Egyptian Finance. *Contemporary Review*, v. XLII, 1882. p. 525-35.

MUSTO, Marcello (org.). *Karl Marx's Grundrisse*: Foundations of the Critique of Political Economy 150 Years Later. Londres/Nova York, Routledge, 2008.

_____. A redescoberta de Karl Marx. *Margem Esquerda*, São Paulo, Boitempo, n. 13, 2009. p. 51-73.

_____. *Ripensare Marx e i marxismi*. Roma, Carocci, 2011.

_____. *Marx for Today*. Londres, Routledge, 2012.

_____ (org.). *Trabalhadores, uni-vos!* Trad. Rubens Ederle. São Paulo, Boitempo, 2014.

_____ (org.). *The Marx Revival*. Cambridge, Cambridge University Press (no prelo).

NIEUWENHUIS, Ferdinand Domela. *Kapitaal en Arbeid*. Haia, s.e., 1881.

PAYNE, Robert. *Marx*: A Biography. Nova York, Simon & Schuster, 1969.

PETERS, Heinz Frederick (1986). *Red Jenny*: A Life with Karl Marx. Nova York, St. Martin's, 1986.

POGGIO, Pier Paolo. *L'Obščina*: comune contadina e rivoluzione in Russia. Milão, Jaca Book, 1978.

PONZIO, Augusto. Introduzione. I manoscritti matematici di Marx. In: MARX, Karl. *Manoscritti matematici*. Milão, Spirali, 2005, p. 7-44.

PRAWER, Siebert S. *Karl Marx and World Literature*. Londres, Verso, 2011.

RAE, John. The Socialism of Karl Marx and the Young Hegelians. *The Contemporary Review* XL, 1881. p. 587-607.

RENEHAN, Edward J. *Dark Genius of Wall Street*: The Misunderstood Life of Jay Gould, King of the Robber Barons. Nova York, Basic Books, 2006.

RIAZÁNOV, David. Neueste Mitteilungen über den literarischen Nachlaß von Karl Marx und Friedrich Engels. *Archiv für die Geschichte des Sozialismus und der Arbeiterbewegung*, v. 11, 1925. p. 385-400.

RUBEL, Maximilien (org.). *Karl Marx/Friedrich Engels*: Die russische Kommune. Munique, Hanser, 1972.

_____. *Marx critique du marxisme*. Paris, Payot, 1974.

_____. *Marx*: Life and Works. Londres, Macmillan, 1980.

_____. Vera Zasulič und Karl Marx. Zur Einführung. *Marx-Engels Archiv*, I, 1926. p. 309-14.

SIR MOUNTSTUART ELPHINSTONE GRANT DUFF'S ACCOUNT of a Talk with Karl Marx. From a Letter to Crown Princess Victoria. 1 February 1879. *Marx/Engels Collected Works* (MECW), v. 24. Moscou, Progress, 1989. p. 580-3.

SAID, Edward. *Orientalismo*: o Oriente como invenção do Ocidente. Trad. Rosaura Eichenberg. São Paulo, Companhia das Letras, 2007.

SAWER, Marian. *Marxism and the Question of the Asiatic Mode of Production*. Haia, Martinus Nijhoff, 1977.

SHANIN, Teodor. Late Marx: Gods and Craftsmen. In: _____ (org.). *Late Marx and the Russian Road*. Londres, Routledge, 1984. p. 3-39.

_____ (org.). *Late Marx and the Russian Road*. Londres, Routledge, 1984.

SHANNON, Richard. *Gladstone*, v. 2, 1865-1898. Chapel Hill, The University of North Carolina Press, 1999.

STENOGRAPHISCHE Berichte *über* die Verhandlungen des Reichstags, I. Berlim, 1882.

TICHELMAN, Fritjof. "Marx and Indonesia: Preliminary Notes". *Schriften aus dem Karl-Marx--Haus*, v. 30: *Marx on Indonesia and India*, Tréveris, Karl-Marx-Haus, 1983.

TSUZUKI, Chushichi. *H. M. Hyndman and British Socialism*. Londres, Oxford University Press, 1961.

_____. *The Life of Eleanor Marx, 1855-1898*: A Socialist Tragedy. Oxford, Clarendon, 1967.

VESPER, Marlene. *Marx in Algier*. Bonn, Pahl-Rugenstein Nachfolger, 1965.

VORLÄNDER, Karl. *Karl Marx*. Leipzig, F. Meiner, 1929.

WADA, Haruki. Marx and Revolutionary Russia. In: SHANIN, Teodor (org.). *Late Marx and the Russian Road*. Londres, Routledge, 1984. p. 40-76.

WALICKI, Andrzej. *Controversy Over Capitalism*: Studies in the Social Philosophy of the Russian Populists. Oxford, Clarendon, 1969.

_____. *Marxisti e populisti*: il dibattito sul capitalismo. Milão, Jaca Book, 1973.

WEISSWEILER, Eva. *Tussy Marx*: Das Drama der Vatertochter. Colônia, Kiepenheuer & Witsch, 2002.

WENZER, Kenneth C. (org.). *An Anthology of Henry George's Thought*. Rochester, University of Rochester Press, 1997.

WURMBRAND, Richard. *Was Marx a Satanist?* Glendale, Diane Books, 1979.

VENTURI, Franco. *Roots of Revolution*: A History of the Populist and Socialist Movements in Nineteenth Century Russia. Nova York, Alfred A. Knopf, 1970.

_____. *Il populismo russo*. Turim, Einaudi, 1972.

YANOVSKAYA, Sofya. Preface to the 1968 Russian Edition. In: MARX, Karl. *Mathematical Manuscripts*. Londres, New Park, 1983. p. vii-xxvi.

ZASULITCH, Vera. Carta a Karl Marx, 16 de fevereiro de 1881. In: MARX, Karl; ENGELS, Friedrich. *Lutas de classes na Rússia*. Trad. Nélio Schneider. São Paulo, Boitempo, 2013. p. 78-80.

Índice onomástico

Alcouffe, Alain, 44n
Alexandre II, tsar da Rússia, 77
Alexandre III, tsar da Rússia, 59n
Alighieri, Dante, 21
Anderson, Kevin B., 74n, 115n
Attali, Jacques, 109n

Bacon, Francis, 21
Badia, Gilbert, 108n, 114n
Bakunin, Mikhail, 86, 138n
Balsem, Nicolaas, 89
Balzac, Honoré de, 21
Barbès, Armand, 63
Bax, Ernest Belfort, 95 e n
Bebel, August Friedrich, 29n, 55n, 56n, 97n, 119n, 126n, 134 e n
Becker, Johann Philipp, 102 e n
Beckett, James Camlin, 53n
Berlin, Isaiah, 30n
Bernstein, Eduard, 27 e n, 48n, 55n, 56n, 86, 87n, 88, 97n, 102 e n, 108n, 114n, 129n, 133 e n, 134 e n, 135n, 137 e n
Bismarck-Schönhausen, Otto von, 87, 108 e n
Blanqui, Louis-Auguste, 63 e n, 86
Bonaparte, Napoleão, 105
Bongiovanni, Bruno, 83n
Botta, Carlo Giuseppe Guglielmo, 105
Bottigelli, Émile, 93n
Briggs, Asa, 25n
Brousse, Paul, 87-8, 129n
Brown, Willard, 47
Buber, Martin, 62n, 71n

Burns, Robert, 21

Cafiero, Carlo, 89 e n
Callow, John, 25n
Capponi, Gino, 106
Carlos Magno, imperador, 106
Casiccia, Alessandro, 40n
Casthelaz, Maurice, 112
Cauchy, Augustin-Louis, 43
Cazot, Jules-Théodore-Joseph, 56
Cervantes Saavedra, Miguel de, 21
Cherbuliez, Antoin-Élysée, 48
Clemenceau, Georges, 28, 99
Comyn, Marian, 25n, 26 e n, 27, 28n
Constans, Jean Antoine Ernest, 56
Cowen, Joseph, 127-8
Cuno, Theodor Friedrich, 97n

D'Alembert, Jean-Baptiste le Rond, 43
Danielson, Nikolai, 16n, 25n, 28 e n, 31 e n, 50 e n, 51n, 52, 81n, 90 e n, 91 e n, 103n, 104 e n
Dardot, Pierre, 32n
Darwin, Charles Robert, 65n, 122
Demuth, Helene, 25, 98, 100, 131, 134, 143
De Paepe, César, 87
Deville, Gabriel, 124
Dickens, Charles John Huffam, 21
Disraeli, Benjamin, 54
Donkin, Bryan, 28, 96, 101n, 103, 108, 112, 126, 134
Dornemann, Luise, 103n

Douglas, Roy, 50n
Dourlen, Gustave, 98-9, 123-5
Duff, Mountstuart Elphinstone Grant, 27 e n, 94n
Dumas, Alexandre, 21
Dussel, Enrique D., 77n

Eaton, Henry, 60n
Elenev, Fedor, 129
Engels, Friedrich, 9, 15n, 19n, 20n, 22, 23n, 24, 25 e n, 26-7, 30n, 34 e n, 35n, 39n, 41 e n, 42, 43 e n, 44n, 48 e n, 55 e n, 56 e n, 57n, 59n, 60n, 62 e n, 63, 65n, 69n, 70n, 72n, 79, 80n, 81n, 86, 87 e n, 88, 90 e n, 93n, 96 e n, 97 e n-102 e n, 103n, 104 e n, 106n, 107n, 108 e n, 109 e n, 111 e n-114 e n, 118 e n-120 e n, 122 e n-127 e n, 129 e n, 130 e n, 131n, 134 e n, 135 e n, 137 e n, 138
Enzensberger, Hans Magnus, 23n, 26n, 27n, 29n, 31n, 97n, 108n, 116n, 129n, 131n
Epicuro, 135 e n
Ésquilo, 21

Farre, Jean-Joseph, 56
Fermé, Albert, 111
Feuchtwanger, Edgar J., 52n
Feugier, doutor, 123-4
Fielding, Henry, 21
Foner, Philip S., 49n
Fortin, Édouard, 88
Fourier, François-Marie-Charles, 111
Freeman, Edward Augustus, 130
Fritzsche, Friedrich Wilhelm, 27

Gabriel, Mary, 103n
Gailey, Christine Ward, 39n, 41n
Gallissot, René, 109n
Gambetta, Léon, 56
Garibaldi, Giuseppe, 122
Garlin, Sender, 15n
George, Henry, 47 e n, 48, 49 e n
Gladstone, William Ewart, 52 e n, 53 e n
Godelier, Maurice, 36n, 37n
Goethe, Johann Wolfgang von, 21, 30
Gogol, Nikolai V., 22
Gould, Jay, 51 e n, 52
Green, John, 106

Grévy, Jules, 56n
Guesde, Jules, 87-8, 137-9
Guilherme I, imperador da Alemanha e rei da Prússia, 118

Hall, Alfred Rupert, 42n
Harstick, Hans-Peter, 20n
Hartmann, Leo, 27
Haupt, Georges, 85n
Hegel, Georg Wilhelm Friedrich, 124
Heine, Heinrich, 21
Herzen, Alexander, 69
Hilditch, Richard, 48
Hirsch, Carl, 27, 99, 100n
Holmes, Rachel, 109n
Hugo, Victor-Marie, 16
Hyndman, Henry Mayers, 24n, 27, 29n, 32, 33n, 49n, 50n, 53n, 86n, 91 e n, 92 e n, 93 e n, 94n
Hyppolite, Jean Guillaume César Alexandre, barão de Colins, 48

Isaev, Andrei, 128

Jaggers, Joseph, 121n
Johnny, ver Longuet, Jean-laurent-Frederick

Kablukov, Nikolai, 27
Kapp, Yvonne, 92n, 97n, 100n, 102n-104n, 107n, 109n
Kautsky, Benedikt, 86n, 129n
Kautsky, Karl, 26n, 27 e n, 31n, 39n, 55 e n, 86 e n, 90 e n, 101 e n, 129n
Kautsky, Minna, 101 e n
Kerdijk, Arnoldus, 89
Klein, Maury, 51n
Knigge, adolph Franz Friedrich von, 123n
Kock, Charles-Paul de, 21
Kovalévski, Maksim, 31-2, 115 e n, 116n
Krader, Lawrence, 31n, 33n, 35n, 37n-39n, 115n
Krätke, Michael R., 105n-106n
Krysmanski, Hans Jürgen, 109n
Kugelmann, Ludwig, 24
Kunemann, doutor, 120, 122

Lafargue, Charles Étienne, 98n
Lafargue, Laura, 23n, 92n, 97 e n, 98n, 93n, 100n, 107 e n, 114n, 117 e n, 118, 119n,

ÍNDICE ONOMÁSTICO 157

124, 125 e n, 126 e n, 127 e n, 129n, 133 e n, 134 e n, 145
Lafargue, Paul, 17, 20n, 21, 22 e n, 23n, 24n, 55n, 57n, 60n, 98 e n, 102n, 108, 112n-114 n, 116n, 123n, 126n, 129n, 137, 139
Lagrange, Joseph-Louis, 43
Lassalle, Ferdinand, 65n, 86-7
Laval, Christian, 32n
Lavrov, Piotr, 108n, 114n
Leibniz, Gottfried Wilhelm von, 24, 42 e n, 43n
Lenchen, ver Demuth, Helene
Lever, Charles James, 21
Liebknecht, Wilhelm, 29n, 135n
Lissagaray, Hyppolyte Prosper-Olivier, 56, 100n
Lombardo Radice, Lucio, 42n
Longuet, Edgar, 29n
Longuet, Charles, 17, 28, 54, 88 e n, 101, 138n
Longuet, Henri (ou Harry), 29n, 101
Longuet, Jean-Laurent-Frederick (ou Johnny), 26, 29 e n, 30, 113, 127
Longuet, Jenny, 26n, 28, 29 e n, 30 e n, 52 e n, 53 e n, 54 e n, 55 e n, 82, 83n, 91 e n, 96, 97 e n, 98 e n, 99, 101 e n, 102, 104 e n, 107 e n, 108, 112 e n, 113 e n, 114 e n, 116n, 117n, 123 e n, 124n, 130, 131, 135n, 138 e n, 143-5
Lopatin, German, 129n
Lubbock, Sir John, 127
Lutero, Martinho, 106

Maine, Henry Sumner, 31 e n, 33, 38-9, 74, 143
Malon, Benoît, 87, 129n
Maomé, 117-8
Marx, família, 25n, 26, 97n, 101
Marx, Eleanor, 25-6, 92n, 97, 99, 100 e n, 102 e n, 103-4, 105n, 107 e n, 108 e n, 109 e n, 116, 119, 120n, 121 e n, 126n, 127 e n, 128 e n, 130 e n, 131 e n, 144
Marx, Jenny (filha), ver Longuet, Jenny
Marx, Jenny (esposa), ver Westphalen, Jenny von
Marx, Laura, ver Lafargue, Laura
Matthew, Henry Colin Gray, 53n
Mehring, Franz, 30n

Meier, Olga, 97n, 107n
Meissner, Otto, 91, 114n
Mesa, José, 124
Mikhailovski, Nikolai, 68, 69 e n, 70-1
Migliardi, Giorgio, 69n
Mill, James, 48
Mineiko, Gerard, 129
Molière (Jean-Baptiste Poquelin), 21
Money, James, 31, 39 e n
Montaigne, Michel Eyquem de, 21
Moore, Samuel, 43
Morgan, lewis Henry, 31 e n, 32 e n-37 e n, 40n, 76
Morozov, Nikolaj, 83n
Most, Johann, 89 e n
Mulhall, Michael George, 128
Müllner, Amandus Gottfried Adolf, 120
Musto, Marcello, 40n, 61n, 63n, 86n, 138n

Newton, Isaac, 42 e n, 43n
Niebuhr, Barthold Georg, 33
Nieuwenhuis, Ferdinand Domela, 16n, 44, 45 e n, 46, 89 e n, 90, 107n

Offenbach, Jacques, 120
Otchanina, Maria, 129n

Paepe, César de, 87
Paine, Thomas, 21
Palmerston, lorde, ver Temple, Henry John (III Visconde Palmerston)
Parnell, Charles Stewart, 54-5
Peters, Heinz Frederick, 103n
Phear, Sir John Budd, 31, 33, 39
Plekhanov, Georgi, 82
Poggio, Pier Paolo, 71n, 79n, 80n
Ponzio, augusto, 42n
Prawer, Siegbert Salomon, 22n
Proudhon, Pierre-Joseph, 22, 86
Púchkin, Aleksandr, 22

Racine, Jean, 21
Rae, John, 95 e n
Ranke, Johannes, 130
Rashid ad-Din, 124
Raspail, François-Vincent, 63 e n
Renehan, Edward J., 51n
Ricardo, David, 48

Riazánov, David, 30n, 80n
Rodbertus, Johann Karl, 48
Roy, Joseph, 70n, 125
Rubel, Maximilen, 60n, 62n, 80n, 85n, 105n, 129n

Said, Edward W., 73n
Saint-Simon, Claude-Henri de Rouvroy, conde de, 138n
Samter, Adolph, 48
Savonarola, Girolamo, 106
Sawer, Marian, 77n
Shchedrin, Mikhail Saltykov, 22
Schäffle, Albert Eberhard Friedrich, 87, 90
Schlosser, Friedrich, 105-6
Schmidt, Conrad, 129n
Schnappy, ver Lafargue, Charles Étienne
Schopenhauer, Arthur, 95
Scott, Sir Walter, 21
Semevski, Vasili, 128
Sewell, Robert, 105
Shakespeare, William, 21, 26
Shanin, Theodor, 60n, 72n, 77n
Shannon, Richard, 53n
Skaldin, ver Elenev, Fedor
Skrebicki, Aleksander, 129
Sócrates, 16
Solway, Jacqueline, 39n
Sorge, Friedrich Adolph, 16n, 47, 48 e n, 49n, 82 e n, 91 e n, 92 e n, 95n-97n, 104 e n, 123n, 126n, 134 e n, 135n, 138 en
Soulié, Frédéric, 133
Sperl, Richard, 20n
Stéphann, Charles Eugène, 112
Strauß, Hanno, 20n
Swinton, John, 15 e n, 16 e n, 17-8, 29, 30n, 47, 48 e n

Tchernitchevski, Nikolai, 60n
Temple, Henry John (III Visconde Palmerston), 22
Thackeray, William Makepeace, 21
Tichelman, Fritjof, 39n
Tsuzuki, Chushichi, 94n, 109n
Tussy, ver Marx, Eleanor

Urabi, Ahmad, 128n

Venturi, Franco, 69n
Vesper, Marlene, 109n, 116n, 119n
Viereck, Louis, 27
Voltaire (François-Marie Arouet), 21
Vorländer, Karl, 30n
Voronkov, Vasili, 129

Wada, Haruki, 72n
Wagner, Adolph Heinrich Gotthilf, 68
Walicki, Andrzej, 69n
Walker, Francis Amasa, 50n
Warnier, Jules, 115
Weierstrass, Karl Theodor Wilhelm, 43
Weissweiler, Eva, 109n
Weitling, Wilhelm, 85n
Wenzer, Kenneth, 50n
Westphalen, Jenny von, 16, 25, 28, 92n, 96-7, 98 e n, 100-1, 103 e n, 104, 143-4
Williamson, James, 126, 127, 130 e n, 131 e n
Wolff, Wilhelm Friedrich, 24
Wurmbrand, Richard, 98n

Yanovskaya, Sofya, 42n

Zasulitch, Vera, 60-1, 62 e n, 68-9, 71, 72 e n, 73n-75n, 76 e n, 77n-79n, 80 e n, 82
Ziber, Nikolai, 25

OUTRAS PUBLICAÇÕES DA BOITEMPO

Brasil: uma biografia não autorizada
FRANCISCO DE OLIVEIRA
Apresentação de **Fabio Mascaro Querido** e **Ruy Braga**
Orelha de **Marcelo Ridenti**

Dominação e resistência
LUIS FELIPE MIGUEL
Orelha de **Juarez Guimarães**

Esquerdas do mundo, uni-vos!
BOAVENTURA DE SOUSA SANTOS
Orelha de **Guilherme Boulos e Tarso Genro**
Quarta capa de **Nilma Lino Gomes**

Gênero e desigualdades: limites da democracia no Brasil
FLÁVIA BIROLI
Orelha de **Céli Pinto**
Quarta capa de **Albertina de Oliveira Costa**

Karl Marx e o nascimento da sociedade moderna
MICHAEL HEINRICH
Tradução de **Claudio Cardinalli**
Orelha de **Jorge Grespan**

A liberdade é uma luta constante
ANGELA DAVIS
Organização de **Frank Barat**
Tradução de **Heci Regina Candiani**
Prefácio à edição brasileira de **Angela Figueiredo**
Prefácio de **Cornel West**
Orelha de **Conceição Evaristo**

A nova segregação: racismo e encarceramento em massa
MICHELLE ALEXANDER
Tradução de **Pedro Davoglio**
Revisão técnica e notas de **Silvio Luiz de Almeida**
Apresentação de **Ana Luiza Pinheiro Flausina**
Orelha de **Alessandra Devulsky**

COLEÇÃO MARX-ENGELS

Diferença entre a filosofia da natureza de Demócrito e a de Epicuro
KARL MARX
Tradução de **Nélio Schneider**
Apresentação de **Ana Selva Albinati**
Orelha de **Rodnei Nascimento**

COLEÇÃO TINTA VERMELHA

Por que gritamos golpe?
IVANA JINKINGS, KIM DORIA E MURILO CLETO (ORGS.)
Apresentação de **Ivana Jinkings**
Quarta capa de **Luiza Erundina e Boaventura de Sousa Santos**

SELO BARRICADA

Conselho editorial Gilberto Maringoni e Luiz Gê

Marx: uma biografia em quadrinhos
ANNE SIMON E CORINNE MAIER
Tradução de **Mariana Echalar**
Letras de **Lilian Mitsunaga**

SELO BOITATÁ

O capital para crianças
JOAN R. RIERA (ADAPTAÇÃO)
Ilustrações de **Liliana Fortuny**
Tradução de **Thaisa Burani**

Meu crespo é de rainha
BELL HOOKS
Ilustrações de **Chris Raschka**
Tradução de **Nina Rizzi**

O Deus Dinheiro
KARL MARX E MAGUMA (ILUSTRAÇÕES)
Tradução de **Jesus Ranieri e Artur Renzo**

Layout do semáforo em Trier, cidade natal de Karl Marx:
homenagem ao bicentenário do autor.

Publicado em maio de 2018, duzentos anos após o nascimento de Karl Marx, pensador essencial à crítica e à superação da sociedade capitalista em que ainda vivemos, este livro foi composto em Adobe Garamond Pro, corpo 11/13,2, e impresso em papel Avena 80 g/m², pela gráfica Rettec, para a Boitempo, com tiragem de 4 mil exemplares.